Jutta Douvitsas-Gamst • Sigrid Xanthos-Kretzschmer • Eleftherios Xanthos

DAS neue DEUTSCHMOBIL

Lehrwerk für Kinder und Jugendliche

Lehrbuch 2

Ernst Klett Sprachen
Stuttgart

Autoren: Jutta Douvitsas-Gamst, Müllrose
                             Sigrid Xanthos-Kretzschmer, Athen

Zeichnungen/Layout: Eleftherios Xanthos, Athen

Redaktion: Nicole Nolte

40000000101057

1. Auflage €1   8   7   6   5   4 | 2011 2010 2009 2008 2007

Alle Drucke dieser Auflage können im Unterricht nebeneinander benutzt werden,
sie sind untereinander unverändert.
Die letzte Zahl bezeichnet das Jahr des Druckes.

Nach der neuen Rechtschreibung (Stand: August 2006)

Internetadresse: www.klett-edition-deutsch.de
E-Mail: edition-deutsch@klett.de

Druck: Interak Printing House, Poland
www.interak.pl

ISBN: 978-3-12-676120-8

Inhaltsverzeichnis

	Themen, Texte, Situationen	Hör- und Lesestrategien	Grammatik	Lernwege Phonetik
L5 **Ausflug nach Salzburg** Seite 40	Im Salzburger Land Das Monsterschloss, Gespensterbesuch Besichtigungstipps geben; Besitz und Zugehörigkeit äußern; Ortsangaben machen Spiel: Merkbildrätsel Lied: Ludwig, das Gespensterkind	Text-Bild-Zuordnung Aussagen Texten zuordnen Richtig-/Falsch-Aussagen über Bild erkennen Hörverstehen: Aussagen in richtige Reihenfolge bringen	Nomen, Artikel: *Dativ* Fragen: *Wem?* Ortsangaben: *mit Dativ (an, auf, hinter, in, neben, über, unter, vor, zwischen)* Richtungsangaben: *mit Dativ (zu)* Grammatik-Comic: *Die Schlaumeier in Salzburg*	Präpositionale Verbindungen mit optischen Hilfen erkennen und anwenden Mit Satzbaukasten arbeiten Phonetik: hörbares und stummes *r* Mit der Demo-Tafel arbeiten
L6 **Leben auf dem Land** Seite 48	Ein Bauernmärchen So lebten die Bauern früher in Norddeutschland Zu Besuch bei Familie Krüger im Alten Land Wie war das damals? Märchen erzählen Bilder beschreiben, Rätselfragen stellen Vergangenes berichten	Märchen lesen und Satzpuzzle lösen Hörverstehen: Richtig-/Falsch-Aussagen	Verben: *Präteritum (gemischt, unregelmäßig, Modalverben)* Grammatik-Comic: *Die Schlaumeier machen Theater*	Orientierung in Querschnittzeichnung Mit Satzbaukasten arbeiten Phonetik: Vokale, Reimen nach Musterversen Mit der Demo-Tafel arbeiten
L7 **An der Ostsee** Seite 56	Auf der Insel Rügen Störtebeker-Festspiele Piraten und Wikinger an der Ostsee, das Drachenschiff Sich nach dem Weg erkundigen, Auskunft geben Eine Fortsetzungsgeschichte erzählen Spiel: Fragespiel Lied: Das Piratenlied	Hörverstehen: Informationslücken ergänzen, Schlüsselbegriffe einem Bild zuordnen Informationen auf einem Plakat lesen und Fragen beantworten Überschriften Textteilen zuordnen	Modalverben: *Präsens/Präteritum (dürfen, können, müssen, sollen, wollen)* Nebensätze mit *als, (immer) wenn* Grammatik-Comic: *Die Schlaumeier machen eine Klassenparty*	Orientierung auf Landkarte Mit Satzbaukasten arbeiten: Funktion der Modalverben erkennen Mit Satzmodellen arbeiten: Gebrauch von *als* und *(immer) wenn* erkennen und anwenden, Verbposition im Nebensatz und nachgestellten Hauptsatz erkennen Mit der Demo-Tafel arbeiten
L8 **Zu Besuch in der Schweiz** Seite 64	Die höchste Bahnstation in den Alpen Rettungshund Barry In der Käserei im Emmental Sein Informationsbedürfnis äußern	Fragen zum Text beantworten Informationslücken im Text ergänzen Hörverstehen: mit Satzbaukasten erzählen Leseverstehen: Notizen zu Schlüsselinformationen ergänzen	Verben: *Perfekt der Verben mit be-, er-, ver-, -ieren* Präpositionen: *mit Akkusativ (für, ohne), mit Dativ (mit, von, von ... bis)* Nebensätze: *indirekte Fragesätze aus W-Fragen* Grammatik-Comic: *Die Schlaumeier machen Käsefondue*	Bildung des Partizip Perfekt mit optischen Hilfen erkennen und anwenden Mit Satzbaukasten und Satzmodellen arbeiten: Fragewort als Subjunktor und Verbposition im Nebensatz erkennen Phonetik: Wortakzent beim Partizip Perfekt Mit der Demo-Tafel arbeiten

	Themen, Texte, Situationen	Hör- und Lesestrategien	Grammatik	Lernwege Phonetik
L9 Haustiere Seite 72	Hauskatze, Haustiere, Haushund Im Tierheim Begründen Gefallen/Missfallen äußern, Meinung begründen Spiele: Katzen-Quiz, Weißt du, warum?	Fragen zum Text beantworten Fragen Antworten zuordnen Text-Bild-Zuordnung Leseverstehen: Satzpuzzle Hörverstehen: Richtig-/Falsch-Aussagen	Fragen: *Warum?* Kausalsätze: *Nebensätze (weil), Hauptsätze (denn)* Satzverbindungen: *aber, denn, oder, und, dann, deshalb* Grammatik-Comic: *Die Schlaumeier suchen Meier*	Mit Satzstern und Satzbaukasten arbeiten Mit Satzmodellen arbeiten: Verbposition nach Konnektoren erkennen und anwenden Mit der Demo-Tafel arbeiten
L10 Wohnen Seite 80	So kann man wohnen Bungalow und Möbel von Familie Hempel Mein Zimmer, Aufräumen Die Hochhauspost Bewerten, Meinung äußern, zustimmen, ablehnen Geschehenes wiedergeben Spiele: Suchspiel, Hochhausrätsel	Leseverstehen: Informationslücken ergänzen Hörverstehen: Aussagen Personen zuordnen Erzählperspektive feststellen	Nebensätze mit *dass* Artikelwort: *dies-* Präpositionen: *mit Akkusativ (durch, gegen, um ... herum), mit Dativ (aus)* Grammatik-Comic: *Die Schlaumeier bauen ein Baumhaus*	Mit Satzbaukasten arbeiten Orientierung im Hausplan Mit Satzmodellen arbeiten: indirekte Rede, Verbposition in *dass*-Sätzen Phonetik: Satzakzent in Satzverbindungen Mit der Demo-Tafel arbeiten
L11 In der Stadt Seite 88	Gebäude und Geschäfte, Stadtplan, Verkehrslinienplan, Verkehrsregeln Feuerwehr sucht Krokodil Bei der Polizei Ort, Ziel, Herkunft erfragen und angeben Berichten Auskunft geben, Weg erfragen, beschreiben Spiele: Stadtplanrätsel, Rollenspiele	Hörverstehen: Wegbeschreibung im Stadtplan verfolgen Leseverstehen: Bilder in richtige Reihenfolge bringen, nacherzählen Hörverstehen: Aussagen in richtige Reihenfolge bringen Leseverstehen: Satzpuzzle	Ortsangaben: *mit Dativ (an, auf, bei, in), zu Hause* Richtungsangaben: *mit Akkusativ (auf, in) und Dativ (zu), nach Hause* Herkunftsangaben: *mit Dativ (aus, von), von zu Hause* Nebensätze mit *wenn ... dann ...* Grammatik-Comic: *Die Schlaumeier in Berlin*	Mit Piktogrammen arbeiten Mit Tabellen arbeiten Orientierung in Stadtplan und Fahrplan Phonetik: hörbares und stummes *h* Mit der Demo-Tafel arbeiten
L12 Sport macht fit Seite 96	Sport Fußballstars von morgen Olympia Gegensätzliches anführen Begriffe erklären Spiele: Sport-Quiz, Olympia-Quiz Lied: Meine Oma fährt im Hühnerstall Motorrad	Hörverstehen: Aussagen Personen zuordnen Leseverstehen: Schlüsselwörtern Bedeutung zuordnen, Satzpuzzle, Richtig-/Falsch-Aussagen	Fragen: *Was für ein- ...?* Gegensätze mit *aber, sondern* Grammatik-Comic: *Die Schlaumeier machen Sport*	Mit Satzbaukasten arbeiten Wortschatz in Kategorien einteilen Liedstrophen nach Muster entwickeln Phonetik: weicher/harter *f*-Laut, Zungenbrecher Mit der Demo-Tafel arbeiten

Themes, Texte, Situationen	Hör- und Lesestrategien	Grammatik	Lernwege Phonetik
L13 **Schule und Lernen** Seite 104	Lernen, Unterricht, Schule Schule – mal anders Projekt Pausenkiosk Unser Gehirn, Lerngymnastik Stellung nehmen, Gefallen/Missfallen äußern Nach Anweisungen handeln Spiel: Lerngymnastik	Leseverstehen: Aussagen Personen zuordnen Schlüsselaussagen in Texten auffinden Hörverstehen: Richtig-/Falsch-Aussagen Leseverstehen: Satzpuzzle Text-Bild-Zuordnung	Reflexive Verben Sätze mit *außerdem, trotzdem* Grammatik-Comic: *Die Schlaumeier machen Zirkus*	Projekt Pausenkiosk organisieren Phonetik: *sch-* und *s*-Laut unterscheiden, Zungenbrecher Mit der Demo-Tafel arbeiten
L14 **Musik** Seite 112	Musikinterviews Schülerband, Hip-Hop-Kurs, Musikschule Karneval der Kulturen in Berlin Interviews machen Sich für einen Kurs anmelden Über Personen erzählen Lied: Frühstücks-Rap	Schlüsselinformationen im Text überprüfen Hörverstehen: Richtig-/Falsch-Aussagen Leseverstehen: Dialog in richtige Reihenfolge bringen Textpuzzle Text-Bild-Zuordnung	Nebensätze: *indirekte Fragesätze mit ob* Adjektivdeklination: *Nominativ, Akkusativ* Grammatik-Comic: *Die Schlaumeier machen Musik*	Beim Textpuzzle inhaltliche und textgrammatische Zusammenhänge erkennen Klassenprojekt organisieren Mit Deklinationstabellen arbeiten Mit Satzmodellen arbeiten: Bildung indirekter Fragesätze erkennen und anwenden Mit der Demo-Tafel arbeiten

Anhang

Symbole:

 Höraufgabe mit Kassette oder CD

 Sprechen mit dem Partner oder in der Klasse

 Lesen und Lesestrategien üben

 Schreibaufgabe im Heft

 Lernspielangebot

> AB 5 > Anschlussübung im Arbeitsbuch

1. Wie viele Sprachen spricht man in Europa?

2. Wo hat Frédéric Chopin Klavier spielen gelernt?

3. Wo hat Wolfgang Amadeus Mozart gewohnt?

4. In welcher Stadt gibt es 2400 Brücken?

5. Wo hat man die Akropolis gebaut?

6. Wo leben in Europa noch Affen?

7. Wo hat Napoleon gelebt?

8. Wo hat man die erste U-Bahn gebaut?

9. Wo hat man den Hradschin, Europas größte Burg, gebaut?

10. Wo hat Astrid Lindgren gelebt?

11. Wo hat man das Meer zu Land gemacht?

12. Wo hat man die Mauer gebaut?

13. Wo hat Dracula gelebt?

14. Wo spricht man vier Sprachen?

15. Wer hat St. Petersburg gebaut?

1a *Quiz: Was weißt du über Europa? Sucht einen Partner und fragt euch gegenseitig.*

b *Lest die Antworten und vergleicht eure Antworten mit den Lösungen.*

AB 1

1. a) ungefähr 20
   b) über 50
   c) über 30

   Lösung: c

2. a) in Polen
   b) in Portugal
   c) in Norwegen

   Lösung: a

3. a) in Deutschland
   b) in der Schweiz
   c) in Österreich

   Lösung: c

4. a) in Amsterdam
   b) in Venedig
   c) in Berlin

   Lösung: b

5. a) in Italien
   b) in Griechenland
   c) in Spanien

   Lösung: b

6. a) bei Spanien (Gibraltar)
   b) in Italien (Sizilien)
   c) in Griechenland (Kreta)

   Lösung: a

7. a) in England
   b) in Russland
   c) in Frankreich

   Lösung: c

8. a) in Deutschland
   b) in Frankreich
   c) in England

   Lösung: c

9. a) in Tschechien (Prag)
   b) in Polen (Krakau)
   c) in Ungarn (Budapest)

   Lösung: a

10. a) in Dänemark
    b) in Schweden
    c) in Finnland

    Lösung: b

11. a) in Polen
    b) in Norwegen
    c) in Holland

    Lösung: c

12. a) in Deutschland (Berlin)
    b) in Österreich (Wien)
    c) in der Schweiz (Bern)

    Lösung: a

13. a) in Rumänien
    b) in Bulgarien
    c) in der Slowakei

    Lösung: a

14. a) in Belgien
    b) in der Schweiz
    c) in Holland

    Lösung: b

15. a) der Apostel Petrus
    b) Peter der Große
    c) Peter Pan

    Lösung: b

2a *Hört zu. Was haben Goethe, Picasso, Caruso und Andersen gemacht? Wo haben sie gelebt?*

Berühmte Europäer

1. Johann Wolfgang von Goethe			
2. Pablo Picasso			
3. Enrico Caruso		in Dänemark	gelebt.
4. Hans Christian Andersen		in Deutschland	gewohnt.
5. Die Beatles	hat	in England	gearbeitet.
6. Christoph Kolumbus		in Frankreich	Theater gespielt.
7. Ludwig van Beethoven		in Griechenland	St. Petersburg gebaut.
8. Julius Cäsar	haben	in Italien	gemalt.
9. Peter der Große		in Russland	Gedichte gemacht.
10. Giuseppe Verdi		in Spanien	Musik gemacht.
11. William Shakespeare			
12. Leo Tolstoi			

b *Spielt das Europa-Quiz weiter. Ihr könnt dazu auch ein Lexikon nehmen.*

AB 2

Souvenirs aus Europa

1. Griechenland
2. Österreich
3. Deutschland
4. die Schweiz
5. Russland
6. Spanien
7. Polen
8. Tschechien
9. die Slowakei
10. Italien
11. Ungarn
12. England
13. Frankreich
14. Holland
15. Dänemark
16. die Türkei
17. Bulgarien
18. Belgien
19. Rumänien
20. Irland

3 *Fragt euch gegenseitig.*

AB 3

Wo	warst du?			Ich war in …/in der …
Wohin	bist du		gereist?	Ich bin nach …/in die … gereist.
	Hast du		Nr. … gekauft?	Ja (Nein), ich habe Nr. … (nicht) gekauft.
Was	hast du	in … in der …	gekauft?	Ich habe Nr. … gekauft.
Wo	hast du		Nr. … gekauft?	Ich habe Nr. … in …/in der … gekauft.

4 *Fragt euch gegenseitig.* AB 4

1. John/Sally (London)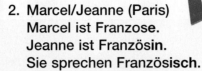
   John ist Engländ**er**.
   Sally ist Engländ**erin**.
   Sie sprechen Engl**isch**.

2. Marcel/Jeanne (Paris)
   Marcel ist Franzose.
   Jeanne ist Französ**in**.
   Sie sprechen Französ**isch**.

3. Paul/Anke (Berlin)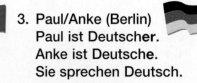
   Paul ist Deutsch**er**.
   Anke ist Deutsch**e**.
   Sie sprechen Deutsch.

a) Jan/Mareike (Amsterdam)
   Holländ-

b) Claes/Tula (Oslo)
   Norweg-

c) Juan/Carmen (Madrid)
   Span(i)-

d) Marco/Pia (Rom)
   Italien-

e) Kurt/Miriam (Bern)
   Schweiz(er)-

f) Anton/Steffi (Wien)
   Österreich-

a) Boris/Olga (Moskau)
   Russ-

b) Kostas/Eleni (Athen)
   Griech-

c) Hakan/Aishe (Ankara)
   Türk-

d) Janek/Anna (Warschau)
   Pol(n)-

e) Ferenc/Maria (Budapest)
   Ungar(-)

f) Ole/Greta (Stockholm)
   Schwed-

> Woher kommt ...?
> Wo wohnt ...?
> Was ist ...?
> Welche Sprache spricht ...?
> Welche Sprache sprechen ...?

5 *In welcher Reihenfolge ist Familie Becker durch Europa gereist? Erzähle.*

> 1. Zuerst sind wir nach ... gereist.
> 2. Dann sind wir nach ...
> 3. Danach ...
> 4. Nun ...
> 5. Dann ...
> 6. Danach ...
> 7. Dann ...
> 8. Zum Schluss ...

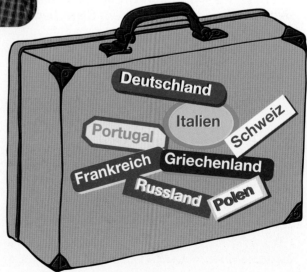

6 *Spielt Würfel-Quadrat.*

AB 5–7

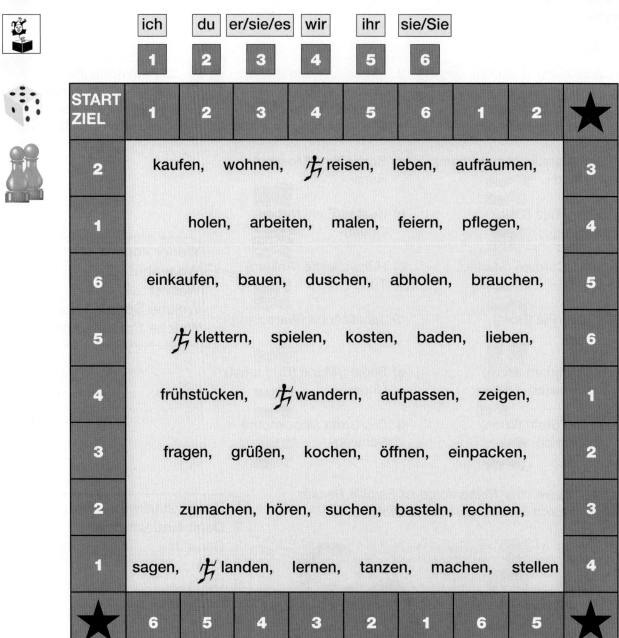

ich	du	er/sie/es	wir	ihr	sie/Sie
1	2	3	4	5	6

START ZIEL	1	2	3	4	5	6	1	2	★
2	kaufen,	wohnen,	🏃reisen,	leben,	aufräumen,				3
1	holen,	arbeiten,	malen,	feiern,	pflegen,				4
6	einkaufen,	bauen,	duschen,	abholen,	brauchen,				5
5	🏃klettern,	spielen,	kosten,	baden,	lieben,				6
4	frühstücken,	🏃wandern,	aufpassen,	zeigen,					1
3	fragen,	grüßen,	kochen,	öffnen,	einpacken,				2
2	zumachen,	hören,	suchen,	basteln,	rechnen,				3
1	sagen,	🏃landen,	lernen,	tanzen,	machen,	stellen			4
★	6	5	4	3	2	1	6	5	★

Würfelt und lauft mit eurem Spielstein. Jedes Feld hat eine Nummer. Die Nummer gibt die Person an (z. B. 1 = ich, …). Sucht ein Verb aus (z. B. einkaufen) und bildet das Perfekt (z. B. ich habe eingekauft). Das Feld mit dem Stern bedeutet: einmal nicht mitspielen.

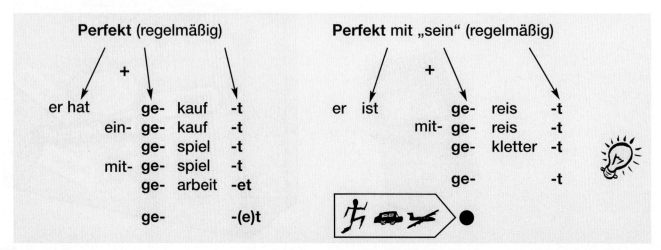

Perfekt (regelmäßig)

		+	
er hat	ge-	kauf	-t
	ein- ge-	kauf	-t
	ge-	spiel	-t
	mit- ge-	spiel	-t
	ge-	arbeit	-et
	ge-		-(e)t

Perfekt mit „sein" (regelmäßig)

		+	
er ist	ge-	reis	-t
	mit- ge-	reis	-t
	ge-	kletter	-t
	ge-		-t

12

Jan und Verena machen Ferien in Griechenland. Sie sind mit ihren Eltern am Mittelmeer.
Jan hat sein Taschengeld gespart. Er will sich ein Schiffsmodell kaufen. Er hat 45 Euro. Verena hat 40 Euro. Sie möchte sich eine Kette und Ohrringe kaufen. Heute machen die beiden einen Ausflug nach Olympia. Sie warten auf den Bus. Die Hin- und Rückfahrkarte kostet für jeden 9,50 Euro.
In Olympia sagt Verena: „Mensch, ist das heiß! Wollen wir nicht erst mal was trinken?" Für eine Limo zahlt jeder 2,50 Euro. Dann kaufen sie noch ein Eis für 2 Euro. Danach kommen sie an einem Souvenir-Laden vorbei. Verena lacht: „Guck mal, ist die kleine Eule nicht süß?" Und Verena kauft eine Marmor-Eule für 7 Euro. Da sieht Jan ein Olympia-T-Shirt für 8,50 Euro. Er nimmt das T-Shirt mit. Dann sagt Jan: „Mensch, hab ich einen Hunger! Wollen wir nicht noch ein Souvlaki essen? Das ist doch nicht so teuer." Für ein Souvlaki gibt jeder noch einmal 2,50 Euro aus. Danach schauen sie das antike Olympia-Stadion an. Der Eintritt kostet 5 Euro für jeden.

Zum Schluss gehen sie zu den Souvenir-Läden zurück.
Jetzt wollen sie das Schiffsmodell für Jan und den Schmuck für Verena kaufen. Jan sucht ein Schiff für 15 Euro aus. Verena findet eine Kette und Ohrringe. Sie kosten zusammen nur 16 Euro. Das findet sie billig. Dann wollen sie bezahlen. ...

b *Rechne: Haben sie noch genug Geld gehabt?*

1. Hat Jan noch genug Geld für das Schiff gehabt? | JA | NEIN |

   Jan hat ... Euro gespart.
   Die Fahrkarte hat ... Euro gekostet.
   ...

2. Hat Verena noch genug Geld für den Schmuck gehabt? | JA | NEIN |

   Verena hatte ... Euro.
   Die Fahrkarte hat ... Euro gekostet.
   ...

Satzmodelle

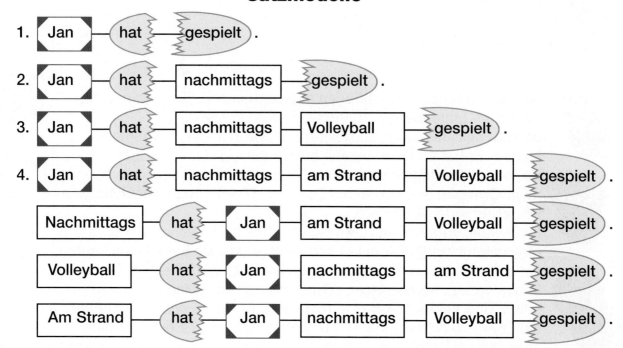

1. Jan — hat — gespielt .

2. Jan — hat — nachmittags — gespielt .

3. Jan — hat — nachmittags — Volleyball — gespielt .

4. Jan — hat — nachmittags — am Strand — Volleyball — gespielt .

Nachmittags — hat — Jan — am Strand — Volleyball — gespielt .

Volleyball — hat — Jan — nachmittags — am Strand — gespielt .

Am Strand — hat — Jan — nachmittags — Volleyball — gespielt .

8 *Feriengeschichten: Wie viele Sätze könnt ihr bilden?*

▷ AB 8, 9 ▷

1. Verena	2. Jan	3. Wir	4. Ihr	5. Du
gekauft	getanzt	gelandet	gereist	aufgestellt
morgens	abends	am Samstag	im Sommer	gestern
eine Postkarte	in der Disko	mit dem Flugzeug	mit dem Zug	das Zelt
im Hotel	am Meer	in Rom	nach Holland	am Strand

9 *Sucht einen Partner. Macht Dialoge.*

Das habe ich gelernt:

Wo hat Sokrates gelebt?	Er hat in Griechenland gelebt.
Wohin sind Jan und Verena gereist?	Sie sind nach Olympia gereist.
Hat Picasso gemalt?	Ja, er hat gemalt.
Hat Picasso Musik gemacht?	Nein, er hat keine Musik gemacht.
Hat Picasso getanzt?	Nein, er hat nicht getanzt.
Bist du auf den Berg geklettert?	Nein, ich bin nicht geklettert.
	Ich bin gewandert.

Die Schlaumeier machen Geschichte

15

Freunde und Freundinnen

Mario

Ich habe meinen Freund im Fußball-Verein kennen gelernt. Seine Haare sind schwarz und lustig. Seine Augen sind braun. Er trägt gern Sonnenbrillen. Wir spielen in der gleichen Jugend-Mannschaft Fußball. Mein Freund kommt aus Griechenland. Wir sind im Sommer nach Athen geflogen und sind in sein Dorf am Meer gefahren.

Lukas

Lilly

Meine Freundin trägt gern Sport-T-Shirts. Die müssen bunt sein. Ihre Haare sind dunkel. Wir sind beide bei den Pfadfindern. Jedes Wochenende machen wir Ausflüge. Wir sind auch schon zusammen in ein Pfadfinder-Lager nach Frankreich gefahren.

Nikitas

Mark

Mein Freund geht in meine Klasse. Er trägt gern Baseball-Kappen. Wir haben schon im Kindergarten zusammen gespielt. Wir sind beide auch Mitglieder im Schach-Klub. Letztes Jahr haben wir am Jugend-Schach-Turnier teilgenommen. Da sind wir Sieger geworden und haben für unseren Klub den Jugend-Pokal gewonnen.

Luisa

Hanna

Meine Freundin wohnt im gleichen Haus wie ich. Wir sind Nachbarn. Wir sind immer zusammen und gehen auch beide in die Reitschule. Meine Freundin ist aus Mexiko. Sie ist aber schon als Baby nach Deutschland gekommen. Ihre Haare sind toll: schwarz und dick. Ihre Augen sind dunkelbraun.

Nicole

 1a *Lies die Texte. Wer ist mit wem befreundet?*

AB 1

Freundespaar 1: Mario ist mit ? befreundet.
Freundespaar 2: Lilly ist mit ? befreundet.
Freundespaar 3: Mark ist mit ? befreundet.
Freundespaar 4: Hanna ist mit ? befreundet.

b *Was passt zu welchem Freundespaar?*

A ?

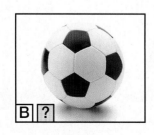
B ?

C ?

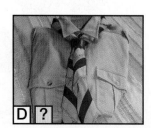
D ?

c *Für welches Freundespaar trifft das zu?*

1. Sie sind Sieger geworden.
2. Sie haben schon an Fußball-Turnieren teilgenommen.
3. Ihre Adresse ist gleich.
4. Sie sind in den Ferien in den Süden geflogen.

5. Sie sind in einem Sommer-Lager gewesen.
6. Sie haben einen Preis gewonnen.
7. Sie machen alles zusammen.
8. Sie haben Pfadfinder in Frankreich getroffen.

2 *Was haben sie wohl schon zusammen gemacht? Erzähle.*

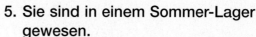 AB 2

> Lilly und Nicole sind zusammen auf Berge gestiegen.

auf Berge steigen (gestiegen) • mit dem Flugzeug fliegen (geflogen)

durch den Wald reiten (geritten) • ins Sommer-Lager fahren (gefahren)

Mitglieder im Fußball-Verein werden (geworden) • Französisch sprechen (gesprochen)

in den Kindergarten gehen (gegangen) • Griechisch essen (gegessen)

an einem Turnier teilnehmen (teilgenommen) • am Lagerfeuer singen (gesungen)

im Mittelmeer schwimmen (geschwommen) • im Schachspiel gewinnen (gewonnen)

3 *Was hast du schon alles mit Freunden gemacht? Erzähle.*

AB 3

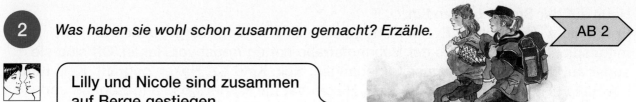

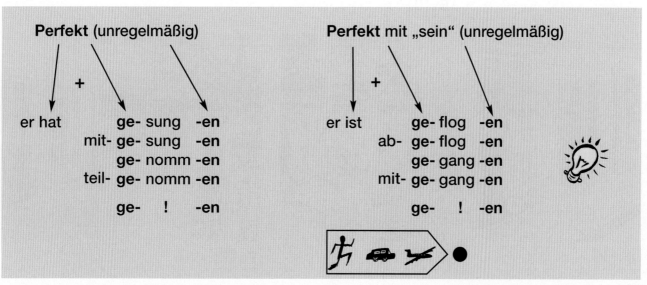

Perfekt (unregelmäßig)

er hat

ge- sung -en
mit- ge- sung -en
ge- nomm -en
teil- ge- nomm -en

ge- ! -en

Perfekt mit „sein" (unregelmäßig)

er ist

ge- flog -en
ab- ge- flog -en
ge- gang -en
mit- ge- gang -en

ge- ! -en

4a *Lest den Text. Sortiert dann die Bilder.*

Eine Freundschaftsgeschichte

Hakan ist vor vier Wochen in die Bahnhofstraße gezogen. Seine Familie kommt aus der Türkei. Hakan war fremd in der Bahnhofstraße und hat jeden Nachmittag allein vor dem Haus auf der Straße gestanden.

Er hat nicht gesprochen. Er hat nicht gelacht. Er hat nur böse geguckt und nicht mitgespielt. Alle Kinder aus der Bahnhofstraße hatten Angst vor Hakan. Oft sind sie sogar auf die andere Straßenseite gegangen. Kein Kind hat Hakan gegrüßt. Kein Kind hat Hakan zum Fußballspielen geholt. Hakan hat die Kinder böse angeschaut, und sie haben weggesehen.

Einmal ist der kleine Tim aus dem Haus gekommen. Er hat Hakan gesehen und ist sofort über die Straße gelaufen. Plötzlich war da ein Auto, aber Tim hat es nicht gesehen. Da ist Hakan ganz schnell auf die Straße gesprungen und hat Tim im letzten Moment weggezogen. Der kleine Tim hat vor Schreck geweint. Hakan hat nicht mit Tim geschimpft. Er hat ihn in den Arm genommen und getröstet. Dabei hat Hakan zum ersten Mal gelacht.

Dann hat Tim Hakans Hand genommen und ist mit Hakan über die Straße gegangen. Dort haben die Kinder aus der Bahnhofstraße gestanden und haben beide angeschaut. Und Micha hat Hakan gefragt: „Wie heißt du überhaupt? Willst du nicht mitspielen?"

A ?

B ?

C ?

D ?

E ?

F ?

b *Wie ist die Geschichte mit Hakan weitergegangen?*
Schreibt die Geschichte weiter.

- Hakan – toll Fußball spielen
- viele Tore schießen (geschossen)
- mit den Kindern gut Deutsch lernen
- Fußballsprache lernen
- das deutsche Fernsehprogramm sehen (gesehen)
- deutsche Bücher lesen (gelesen)
- ...

- die Kinder – Hakan jeden Nachmittag abholen
- mit Hakan Deutsch sprechen (gesprochen)
- mit Hakan zur Schule gehen (gegangen)
- Hakan bei den Hausaufgaben helfen (geholfen)
- Hakan ins Kino mitnehmen (mitgenommen)
- Hakans Freunde werden (geworden)
- ...

c *Hör zu und sortiere die Sätze.*

3 ? Die Mitschüler haben nicht mit Hakan gesprochen.

6 ? Hakan hat jeden Nachmittag türkisches Fernsehen gesehen.

8 ? Hakan hat Freunde gefunden.

5 ? Die Lehrerin hat Hakan nicht geholfen.

9 ? Hakan versteht jetzt prima Deutsch.

7 ? Hakan ist zum Spielen auf die Straße gegangen.

2 ? Hakan hat kein Deutsch gesprochen.

4 ? Hakan ist in der Pause immer allein gewesen.

10 Hakan ist jetzt zwei Jahre in Deutschland.

1 Hakan ist aus der Türkei gekommen.

5 *Schreib Lidias und Olgas Text für die Schülerzeitung „Tempo".*

Tempo

Lidia Olitskaja und Olga Sacharowa haben von der Stadt den „Mandela-Preis" für Mut und Zivilcourage bekommen. Wofür, erzählen sie selbst:

1. am 8. Januar – es – schneien
2. der See – mit Eis bedeckt sein
3. wir – am See spazieren gehen (gegangen)
4. Julia – auf das Eis laufen (gelaufen)
5. das Eis – einbrechen (eingebrochen)
6. Julia – ins Wasser fallen (gefallen)
7. sie – laut um Hilfe schreien (geschrieen)
8. Lidia – mit ihrem Handy die Polizei anrufen (angerufen)
9. Olga – bei Julia bleiben (geblieben)
10. Olga – Julia Mut machen
11. die Polizei – schnell kommen (gekommen)
12. die Polizei – Julia aus dem Wasser ziehen (gezogen)
13. die Polizei – Julia ins Krankenhaus fahren (gefahren)
14. der Bürgermeister – nach einem Monat uns schreiben (geschrieben)
15. wir – den „Mandela-Preis" der Stadt bekommen (bekommen)

Am 8. Januar hat es geschneit. Der See war mit Eis bedeckt. Wir sind am See spazieren gegangen.

Plötzlich …	Und Olga …
Aber das Eis …	Die Polizei …
Da …	Nach einem Monat …
Sie …	Und wir …
Dann …	

6 *Freundschaft: Macht eine Umfrage in der Klasse.*

1. Wo hast du deinen Freund/deine Freundin kennen gelernt?
   in der Schule • im Verein/Klub • in unserer Gegend • …

2. Was hat dir an deinem Freund/deiner Freundin gefallen?
   ist hilfsbereit • ist ehrlich • ist immer fröhlich • sieht gut aus • …

3. Was macht ihr gern zusammen?
   Hobbys/Sport • Spiele • Musik hören • ins Kino gehen • telefonieren • …

4. Wie oft siehst du deinen Freund/deine Freundin?
   jeden Tag • …

7 *Lest die Texte und ordnet sie den Bildern zu. Spielt dann.*

Freundschaftsspiele

1. Du bist mein Spiegelbild

Schau deinen Freund an. Er macht Bewegungen. Du bist sein Spiegelbild und machst alle Bewegungen genau mit. Nach ein paar Minuten bist du dran.

A ?

2. Wir kommen ans Ziel

Ihr steht zu zweit am Start. Jedes Paar hält einen Ball zwischen den Köpfen fest. Dann lauft ihr mit dem Ball zum Ziel. Der Ball darf nicht herunterfallen, sonst müsst ihr an den Start zurück.

B ?

3. Ich zeig dir den Weg

Ihr steht zu zweit am Start. Verbinde deinem Freund die Augen. Er darf nichts sehen. Du sagst ihm: „Geh nach rechts, nach links, nach vorn, nach hinten, …" Er darf nichts berühren. Nach ein paar Minuten bist du dran.

C ?

4. Wir zeichnen zusammen

Ihr sitzt zu zweit, habt ein Blatt Papier und einen Bleistift. Ihr nehmt den Bleistift zusammen in die Hand und zeichnet nun gemeinsam ein Haus, einen Baum oder einen Hund. Ihr dürft nicht miteinander sprechen.

D ?

5. Ich kann dich fühlen

Jeder sucht einen Partner. Jedes Paar braucht ein großes Betttuch. Dann geht einer von jedem Paar aus der Klasse. Die Kinder in der Klasse verstecken sich unter den Tüchern. Dann kommen die anderen wieder in die Klasse. Jeder muss jetzt fühlen: Wo ist sein Partner? Ihr dürft nicht sprechen oder das Tuch wegziehen.

E ?

8 *Hört zu. Wie muss man die Wörter betonen?*
Lest euch die Wörter dann gegenseitig vor.

Frankreich ★	**die Schweiz** ★	**Deutschland** ★	**Österreich** ★	**die Türkei** ★
der Franzose ★	der Schweizer ★	der Deutsche ★	der Österreicher ★	der Türke ★
die Französin ★	die Schweizerin ★	die Deutsche ★	die Österreicherin ★	die Türkin ★
die Franzosen ★	die Schweizer ★	die Deutschen ★	die Österreicher ★	die Türken ★
französisch ★	schweizerisch ★	deutsch ★	österreichisch ★	türkisch ★

Russland ★	**Spanien** ★	**Griechenland** ★	**Ungarn** ★	**Italien** ★
der Russe ★	der Spanier ★	der Grieche ★	der Ungar ★	der Italiener ★
die Russin ★	die Spanierin ★	die Griechin ★	die Ungarin ★	die Italienerin ★
die Russen ★	die Spanier ★	die Griechen ★	die Ungarn ★	die Italiener ★
russisch ★	spanisch ★	griechisch ★	ungarisch ★	italienisch ★

9 *Sucht einen Partner. Macht Dialoge.*

AB 5, 6

Das habe ich gelernt:

Wo bist du gewesen?	Ich war im Kino.
Wen hast du da getroffen?	Meinen Freund.
Ist dein Bruder zu Hause geblieben?	Ja, er ist zu Hause geblieben.
	Nein, er ist nicht zu Hause geblieben.
Hast du den Regenschirm mitgenommen?	Ja, ich habe ihn mitgenommen.
	Nein, ich habe ihn nicht mitgenommen.
Hast du am Turnier teilgenommen?	Ja, ich habe am Turnier teilgenommen.
	Nein, ich habe nicht am Turnier teilgenommen.
Bist du Sieger geworden?	Ja, ich habe gewonnen.
	Nein, ich habe nicht gewonnen.

Die Schlaumeier kaufen zusammen ein

Was habt ihr denn da genommen? Wir haben doch alles aufgeschrieben!

Die richtigen Sachen **nehmen**:

Also, ich **habe**	den Käse	genommen,
du **hast**	die Eier nicht	genommen,
er **hat**	das Brot nicht	genommen,
sie **hat**	das Gemüse nicht	genommen,
es **hat**	die Äpfel nicht	genommen,
wir **haben**	das Falsche	genommen,
ihr **habt**	nur Süßigkeiten	genommen,
sie **haben**	das Obst nicht	genommen,
Sie **haben**	doch Geld	mitgenommen,
Frau Schlau, oder?		

Wer ist denn das gewesen? Alles ist kaputt!

		Ja, fallen,
ich	bin	gefallen,
du	bist	nicht gefallen,
der Zucker, er	ist	runtergefallen,
die Flasche, sie	ist	runtergefallen,
das Mehl, es	ist	runtergefallen,
wir	sind	alle gefallen,
ihr	seid	nicht gefallen,
die Sachen, sie	sind	alle gefallen,
nur Sie	sind	nicht gefallen!

Tierrekorde

der Blauwal: 33 m

die Taube: 151 km/h

der Elefant: 6000 kg

die Schildkröte:
1 km in 3 Stunden

der Falke: 360 km/h

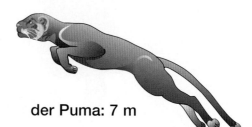

der Puma: 7 m

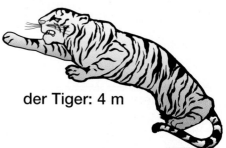

die Python-Schlange: 10 m

das Nilpferd: 4000 kg

der Walhai: 18 m

das Faultier:
1 km in 6 Stunden

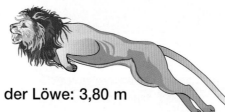

der Löwe: 3,80 m

der Tiger: 4 m

die Schnecke:
1 km in 23 Tagen

das Nashorn: 3000 kg

der Adler: 190 km/h

1 *Was passt zu welchem Tier? Vergleicht bitte.*

AB 1, 2

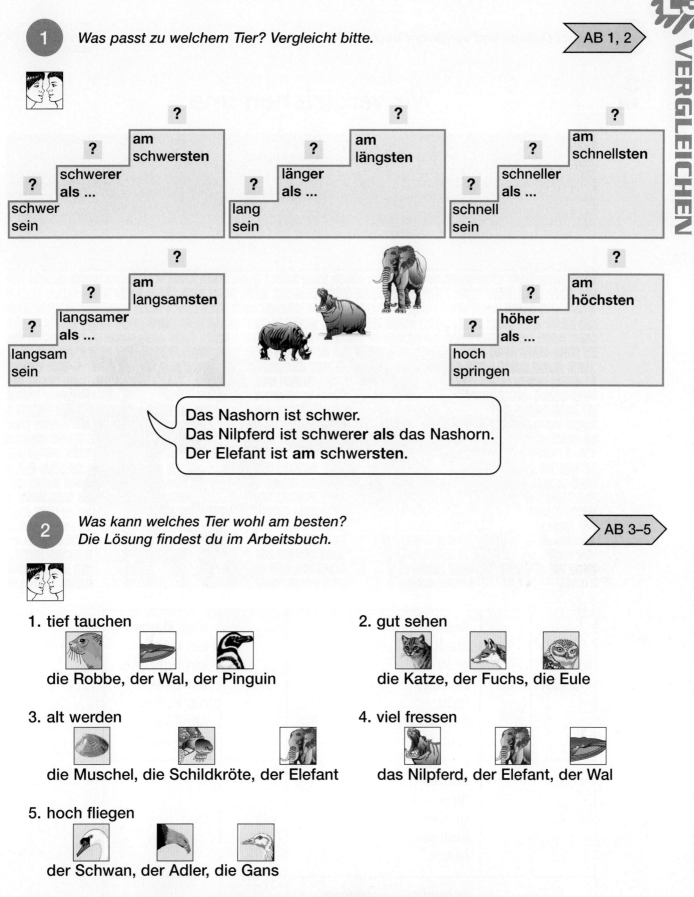

? | ? | ?

am schwersten | am längsten | am schnellsten

? schwerer als ... | ? länger als ... | ? schneller als ...

? schwer sein | ? lang sein | ? schnell sein

? am langsamsten

? langsamer als ...

? langsam sein

? am höchsten

? höher als ...

hoch springen

Das Nashorn ist schwer.
Das Nilpferd ist schwer**er als** das Nashorn.
Der Elefant ist **am** schwer**sten**.

2 *Was kann welches Tier wohl am besten?*
Die Lösung findest du im Arbeitsbuch.

AB 3–5

1. tief tauchen

die Robbe, der Wal, der Pinguin

2. gut sehen

die Katze, der Fuchs, die Eule

3. alt werden

die Muschel, die Schildkröte, der Elefant

4. viel fressen

das Nilpferd, der Elefant, der Wal

5. hoch fliegen

der Schwan, der Adler, die Gans

?	kann	tief	tiefer	am tiefsten	tauchen.
		gut	besser	am besten	sehen.
		alt	älter	am ältesten	werden.
		viel	mehr	am meisten	fressen.
		hoch	höher	am höchsten	fliegen.

Wir vergleichen uns

Ich bin Du bist	so	fleißig stark groß dumm blöd langweilig faul		wie	eine Biene. ein Bär. ein Schrank. ein Esel. ein Huhn. ein Fisch. ein Faultier.
Ich bin		stärker älter größer lustiger netter		als	du.
Ich kann		schneller besser höher tiefer mehr	rennen rechnen springen tauchen essen	als	du.

4 *Vergleicht die Zwillinge Pia und Uta.*

AB 8

Zwillinge – immer gleich?

- 12 Jahre, 2 Monate und 12 Stunden alt
- 1,61 Meter
- 45 Kilogramm
- sportlich
- sehr musikalisch
- fleißig
- rechnen ★★★
- lesen ★★★
- laufen ★
- schwimmen ★★
- singen ★★★
- Klavier spielen ★★★   Uta

Pia

- 12 Jahre, 2 Monate und 11 Stunden alt
- 1,62 Meter
- 46 Kilogramm
- sehr sportlich
- musikalisch
- fleißig
- rechnen ★★★
- lesen ★★★
- laufen ★★★
- schwimmen ★★★
- singen ★★
- Klavier spielen ★

| alt • fleißig • gut • groß • jung • klein • leicht • musikalisch • schwer • sportlich |

Uta ist genauso nett wie Pia.
Uta schreibt so gut wie Pia.

Pia ist stärker als Uta.
Pia klettert besser als Uta.

5 *Vergleicht euch miteinander wie die Personen auf den Fotos.*

AB 9

Ich bin stärker als du.

Du bist älter als ich, Oma.

Ja, du bist viel jünger als ich.

Nein, du bist schwächer als ich.

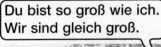

Du bist so groß wie ich. Wir sind gleich groß.

Ich kann genauso gut schwimmen wie du.

Ich kann aber besser tauchen als du.

6 *Hör zu. Was passt zu welchem Zwillingspaar?*

	Lukas Markus	Bella Flora	Mara Lena
1. ... ist genauso groß wie ...	✓ ?	?	?
2. ... ist etwas älter als ...	?	✓ ?	?
3. ... ist so musikalisch wie ...	?	?	✓ ?
4. ... ist so sportlich wie ...	✓ ?	?	?
5. ... übt jeden Tag so lange wie ...	?	?	✓ ?
6. ... tanzt genauso gern wie ...	?	✓ ?	?
7. ... spielt besser Gitarre als ...	?	?	✓ ?
8. ... ist besser mit dem Ball als ...	✓ ?	?	?
9. ... gefällt moderner Tanz besser als ...	?	✓ ?	?

Lukas und Markus Baumann,
13 Jahre

Bella und Flora Roca,
12 Jahre

Mara und Lena Nowotny,
11 Jahre

7 *Deutschland, Österreich und die Schweiz: Spielt Länderquiz.*

Deutschland

Österreich

Die Schweiz

Länderquiz

Welche Welcher	Hauptstadt Fluss		am größten?
	Berg	ist	am längsten?
	See		am höchsten?
Welches	Land		am kleinsten?
	Wo	ist es regnet es	am kältesten? am wärmsten? am meisten?

1. **Hauptstädte:** Berlin (3,5 Millionen Einwohner), Wien (1,6 Mio.), Bern (0,1 Mio.)
2. **Flüsse:** die Donau (2850 km), der Rhein (1320 km), die Elbe (1165 km)
3. **Berge:** die Zugspitze (2963 m), der Großglockner (3797 m), das Matterhorn (4478 m)
4. **Seen:** der Bodensee (538 Quadratkilometer), der Genfer See (700 km^2),
   der Neusiedler See (385 km^2)
5. **Länder:** die Schweiz (7,1 Mio.), Österreich (8,1 Mio.), Deutschland (82,1 Mio.)
6. **Temperaturen im Winter:** Wien (-1,7 Grad Celsius), Berlin (-0,1°C), Bern (-1,4°C)
7. **Temperaturen im Sommer:** Wien (+19,6°C), Berlin (+18°C), Bern (+18°C)
8. **Niederschläge (Regen):** Wien (750 Millimeter), Berlin (600 mm), Bern (1000 mm)

8 *Lies den Text. Ordne den Fotos die passenden Textzeilen zu.* AB 10

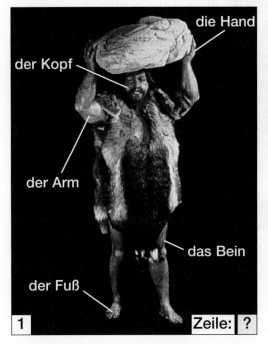

der Kopf · die Hand · der Arm · das Bein · der Fuß

1 Zeile: ?

2 Zeile: ?

3 Zeile: ?

4 Zeile: ?

5 Zeile: ?

Der Neandertaler – mehr Mensch als Affe

- Das Neanderthal-Museum in der Nähe von
- Düsseldorf ist eins der schönsten Erlebnis-
- Museen in Europa. Das Neandertal war der
- Ort, wo man 1856 das Skelett von einem
5 Menschen fand. Das war der berühmte
- „Neandertaler", ein Mensch aus der Steinzeit.
- Er war mehr als 40000 Jahre alt. Das mo-
- derne Multi-Media-Museum lädt die
- Besucher zu einer Reise durch die Zeit ein:
10 vom Steinzeitmenschen bis zum Menschen
- von heute.
- Ein Vergleich mit dem Menschen von heute
- zeigt: Beim Neandertaler waren Mund und
- Zähne größer, der Kopf flacher und die Stirn
15 dicker als bei uns. Sein Gesicht war eckiger, die
- Nase breiter. Er konnte besser riechen als wir.
- Seine Beine und Arme waren kürzer, aber
- kräftiger als beim modernen Menschen. Der
- Neandertaler hatte mehr Kraft als wir.
20 Seine Hände waren viel größer als unsere
- Hände und auch seine Füße waren breiter.

- Die Neandertaler lebten in der Eiszeit. In dem
- sehr kalten Klima konnten sie besser über-
- leben als wir. Der Neandertaler war in vielen
25 Dingen ähnlich wie wir. Er hatte eine Sprache.
- Er lebte in Gruppen. Er hatte kein Haus, er
- lebte in Zelten und Höhlen. Er pflegte auch
- die kranken Menschen. Der Neandertaler war
- also kein Affe. Er war ein Mensch. Er jagte
30 Tiere und sammelte Früchte. Er baute
- Werkzeuge und stellte Waffen her. Aus
- Muscheln, Knochen und Leder machte er
- Schmuck. Er malte mit Naturfarben. Feuer
- machen konnte er auch.
35 Die Besucher können im Neanderthal-
- Museum erleben, wie der Neandertaler lebte.
- Schulklassen können in der Steinzeit-
- Werkstatt wichtige Techniken aus der
- Steinzeit lernen. Die Schüler stellen Schmuck
40 her, machen Waffen, machen Feuer und
- malen mit Naturfarben.

9 Was gehört zusammen? Berichte, wie die Neandertaler lebten.

AB 11

1. Die Neandertaler lebten ...
2. Sie lebten ...
3. Der Neandertaler wohnte ...
4. Er konnte ...
5. Er jagte ...
6. Er sammelte ...
7. Er machte ...
8. Er baute ...
9. Er stellte ...
10. Er malte ...
11. Der Neandertaler stellte ...
12. Der Neandertaler pflegte ...

a) Schmuck her.
b) Früchte.
c) Waffen her.
d) in Zelten und Höhlen.
e) mit Naturfarben.
f) kranke Menschen.
g) in der Eiszeit.
h) in Gruppen.
i) Tiere.
j) Feuer.
k) Werkzeuge.
l) in der Kälte überleben.

1	2	3	4	5	6	7	8	9	10	11	12
?	?	?	?	?	?	?	?	?	?	?	?

10 Sucht einen Partner. Macht Dialoge.

Das habe ich gelernt:

Bist du so sportlich wie dein Freund?	Ja, ich bin so sportlich wie mein Freund. Nein, ich bin nicht so sportlich wie mein Freund.
Kannst du so gut rechnen wie dein Lehrer?	Ja, ich kann so gut rechnen wie mein Lehrer. Nein, ich kann nicht so gut rechnen wie mein Lehrer.
Was kannst du gut/besser/am besten?	Ich kann gut/besser/am besten schwimmen.
Was machst du gern/lieber/am liebsten?	Ich sehe gern/lieber/am liebsten fern.
Läufst du schneller als deine Freundin?	Nein, ich laufe nicht schneller als meine Freundin.
Kannst du besser lesen als dein Freund?	Ja, ich kann besser lesen als mein Freund.
Wer läuft am schnellsten?	Olga läuft am schnellsten.
Wann lebte der Neandertaler?	Er lebte vor 40000 Jahren.
Was konnten die Neandertaler schon machen?	Sie konnten schon Schmuck herstellen.

Die Schlaumeier in der Steinzeit-Werkstatt

Hört endlich zu!
Ihr seid **so** laut **wie** Neandertaler.
Ihr seid **lauter als** Mammuts.
Bello, du bist **am lautesten**!

Ich bin stark.
Ich bin stär**ker als** ein Mammut.
Ich bin **am stärksten**!

Ich kann **gut** Feuer machen.
Ich kann das **besser als** ein
Neandertaler!
Ich kann das **am besten**!

Ich male **viel**.
Ich male **mehr als** Picasso.
Ich arbeite hier **am meisten**.

Bello, halt den Stein **hoch**!
Nein, noch **höher als** dein Kopf!
Prima, jetzt ist er **am höchsten**!

Präteritum

Damals **leben** in der Steinzeit:
Ich lebte nicht in der Steinzeit,
du lebtest nicht im Zelt,
er lebte im Neandertal,
sie lebte im Neandertal,
es lebte im Neandertal.
Und wir lebten noch nicht,
ihr lebtet auch nicht.
Nur sie lebten schon.
Sie lebten auch noch nicht,
Herr Schlau!

Feuer machen **können**:
ich **konnte** das vorher nicht
du **konntest** das auch nicht..
Aber er **konnte** das,
sie **konnte** das,
und es **konnte** das.
Aber wir **konnten** das noch nicht,
ihr **konntet** das auch nicht.
die Neandertaler **konnten** das.
Sie **konnten** das auch nicht,
Herr Schlau!

Die Körperteile

 der Kopf

 der Hals

 die Nase

 das Ohr

 das Auge

 die Brust

 der Bauch

 der Rücken

 die Schulter

 der Po

 der Arm

 die Hand

 der Finger

 das Bein

 der Fuß

 das Knie

1 *Hört zu und macht Gymnastik.* AB 1, 2

2 *Wie geht es dir dann? Fragt euch gegenseitig.*

Es geht mir gut.
Es geht mir prima.

Es geht mir schlecht.
Es geht mir furchtbar.

1. Du bist immer müde. Dein Kopf tut dir weh. Wie geht es dir?
2. Du hast schlecht geschlafen. Wie geht es dir?
3. Dein Bauch tut dir weh. Wie geht es dir?
4. Du hast dein Bein gebrochen. Wie geht es dir?
5. Du bist krank und hast Fieber. Wie geht es dir?
6. Du hast Geburtstag gefeiert. Wie geht es dir?
7. Du hast Halsschmerzen. Wie geht es dir?
8. Deine Ohren tun dir weh. Wie geht es dir?

3a *Schaut das Bild an. Wer ist das?*

Sprechstunde bei Kinderarzt Dr. Fröhlich

2. Paul und Paula

3. das Baby

4. Lisa

5. Kevin

1. Mario

[?] **Sie** haben Fieber. Es geht **ihnen** schlecht.
[?] **Es** hat Bauchschmerzen. Es geht **ihm** furchtbar.
[?] **Er** hat Ohrenschmerzen. Es geht **ihm** schlecht.
[?] **Sie** hat den Arm verletzt. Es geht **ihr** nicht gut.
[?] **Er** hat das Bein gebrochen. Es geht **ihm** schon besser.

b *Lest und spielt mit verteilten Rollen. Macht neue Dialoge.*

AB 3–5

1. Paul und Paula: Grippe
2. Flora und Bella: Husten
3. Jan: Bauchschmerzen

4. Mina: den Arm gebrochen
5. Markus und Lukas: Halsschmerzen
6. Sibyll: Rückenschmerzen

Hallo, Paul und Paula.
Was habt ihr denn?
Was fehlt euch denn?

Wir haben Fieber.
Es geht uns schlecht.

Tut euch auch der Kopf weh?

Ja, der Kopf tut uns weh.

Ihr müsst drei Tage im Bett bleiben,
Tee trinken und Medizin nehmen.
Gute Besserung!

4a — Was darf Herr Superdick nicht machen? Gebt ihm Ratschläge.

AB 6

 die Torte

 der Kuchen

 das Eis

 die Schokolade

 der Käse

 die Butter

 das Brötchen

 die Wurst

 die Marmelade

 die Cola

 das Bier

 die Limo

sitzen   rauchen   arbeiten   fernsehen

Was darf ich nicht essen/trinken?
Was darf ich nicht machen?

Sie dürfen keinen Kuchen essen.
Sie dürfen nicht so viel sitzen.
Dann geht es Ihnen bald besser.

b — Was muss Herr Superdick machen? Gebt ihm Ratschläge.

 Wasser

 Tee

 Salat

 Jogurt

 Tomaten

 Äpfel

 Sport machen

 laufen

 Fahrrad fahren

 Fußball spielen

Was darf ich denn essen und trinken?
Was muss ich machen?

Sie dürfen Tee trinken und Salat essen.
Sie müssen Sport machen.
Gute Besserung!

5 *Hör zu. Wann ist ein Kind krank? Was darf das Kind? Was darf es nicht?*

Ein Kind ist krank, ...

|B| ... wenn es nicht müde ist.
|M| ... wenn es nicht spielen will.
|O| ... wenn es nicht trinken will.
|E| ... wenn es nicht essen will.
|D| ... wenn es Fieber hat.
|A| ... wenn es zum Arzt gehen will.

Wenn ein Kind krank ist, ...

|K| ... darf es Torten essen.
|I| ... darf es keine Chips essen.
|Z| ... darf es Suppe essen.
|I| ... darf es Jogurt essen.
|T| ... darf es Tee und Limo trinken.
|N| ... darf es Saft trinken.

Lösung: |?||?||?||?||?||?||?|

6 *Wie findest du das? Wähle aus und erzähle.*

⟩AB 7, 8⟩

Was findest du gut, wenn du krank bist?
Was findest du blöd, wenn du krank bist?

Ich finde es gut, ⊏ wenn ⊐ ◆ ich ◆ nicht in die Schule 〈 gehen 〉 〈 muss 〉 .

Ich finde es blöd, ⊏ wenn ⊐ ◆ ich ◆ im Bett (bleibe) .

1. Ich muss nicht in die Schule gehen.
2. Ich bleibe im Bett.
3. Ich darf nicht aufstehen.
4. Ich nehme Medizin.
5. Ich darf nicht spielen.
6. Ich muss keine Hausaufgaben machen.
7. Ich schlafe viel.
8. Ich muss nicht aufräumen.
9. Ich bin allein.
10. Ich kann nicht rausgehen.
11. Ich mache Diät.
12. Ich kann fernsehen.

7 *Fragt euch gegenseitig.*

 AB 9

fröhlich

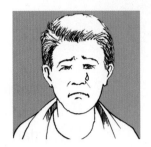

traurig

wütend

müde

erschrocken

neugierig

überrascht

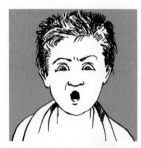

ängstlich

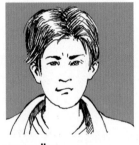

nervös

begeistert

glücklich

verlegen

Du bekommst ein Geschenk.

Wenn ich ein Geschenk bekomme, bin ich überrascht und neugierig.

1. Du machst stundenlang Hausaufgaben.
2. Dein Freund hilft dir in Mathe.
3. Du darfst nicht zur Party gehen.
4. Du träumst schlecht.
5. Du machst einen Ausflug.
6. Ein Mitschüler hat dich geschlagen.
7. Du streitest mit deinem Freund.
8. Du hörst das Telefon.
9. Du kommst zu spät.
10. Deine Mannschaft macht ein Tor.
11. Du schreibst einen Test.
12. Du musst stundenlang warten.

8a *Lies den Text.*

Gesundheitsprobleme von Kindern und Jugendlichen

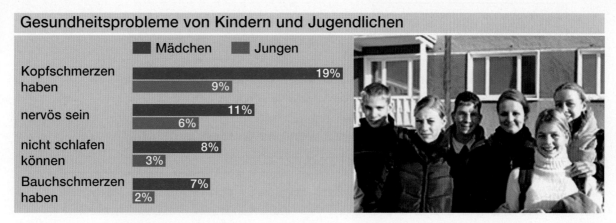

■ Mädchen   ■ Jungen

Kopfschmerzen haben — 19% / 9%

nervös sein — 11% / 6%

nicht schlafen können — 8% / 3%

Bauchschmerzen haben — 7% / 2%

Was Kinder krank macht

- In Deutschland haben viele Kinder und Jugendliche Probleme mit ihrer Gesundheit:
- 19 Prozent der Mädchen und 9 Prozent der Jungen haben oft Kopfschmerzen. Viele Kinder
- und Jugendliche sind nervös, 11 Prozent der Mädchen und 6 Prozent der Jungen.
- 8 Prozent der Mädchen und 3 Prozent der Jungen können nicht gut schlafen. Oft
5 Bauchschmerzen haben 7 Prozent der Mädchen und 2 Prozent der Jungen. Was macht
- die Kinder und Jugendlichen krank? Woher kommen ihre Probleme mit der Gesundheit?
- Ärzte nennen drei Gründe für die Probleme:
- ● Kinder und Jugendliche machen zu wenig Sport. Sie haben zu wenig Bewegung, sitzen
- stundenlang am Computer und sehen zu viel fern. Wenn Kinder und Jugendliche zu
10 wenig Bewegung haben, werden sie nervös, können nicht schlafen und passen im
- Unterricht nicht auf.
- ● Auch die Ernährung ist wichtig für die Gesundheit. Kinder und Jugendliche essen oft
- nicht richtig und unregelmäßig. Wenn Kinder und Jugendliche nur Fastfood, Chips und
- Süßigkeiten essen, werden sie dick und haben Probleme mit ihrer Gesundheit. Wenn
15 aber Obst, Gemüse und Milchprodukte auf den Tisch kommen, bekommt der Körper
- genug Vitamine und Nährstoffe.
- ● Kinder und Jugendliche haben oft Stress in der Schule und Probleme in der Familie.
- Stress macht krank und nervös. Wenn man nervös ist, bekommt man Kopfschmerzen
- und oft auch Bauchschmerzen. Am wichtigsten für die Gesundheit sind also Bewegung,
20 Sport und Ernährung.

b *Was ist richtig? Was ist falsch?*   AB 10

	R	F
1. Mehr Mädchen als Jungen haben Kopfschmerzen.	?	?
2. Jungen haben nicht so oft Bauchschmerzen.	?	?
3. Mehr Jungen als Mädchen können nicht schlafen.	?	?
4. Lehrer nennen drei Gründe für die Gesundheitsprobleme.	?	?
5. Kinder und Jugendliche machen zu viel Sport.	?	?
6. Kinder und Jugendliche essen oft falsch.	?	?
7. Fastfood und Chips sind wichtig für die Gesundheit.	?	?
8. Obst, Gemüse und Milchprodukte machen dick.	?	?
9. Vitamine sind wichtig für die Gesundheit.	?	?
10. Wenn man Bewegung hat, bleibt man gesund.	?	?

Satzmodelle

1. Ein Kind (ist) krank ⊨ , ⊨ wenn es Fieber (hat) .

2. Ein Kind (ist) krank ⊨ , ⊨ wenn es nicht ⟨essen⟩ ⟨will⟩ .

3. Ein Kind (ist) gesund ⊨ , ⊨ wenn es wieder (aufsteht) .

4. Wenn ich Geburtstag (habe) ⊨ , ⊨ ⟨darf⟩ ich eine Party ⟨feiern⟩ .

5. Wenn du ⟨üben⟩ ⟨willst⟩ ⊨ , ⊨ (helfe) ich dir .

6. Wenn du (vorliest) ⊨ , ⊨ ⟨höre⟩ ich gut ⟨zu⟩ .

9 *Ordne den Sätzen die Satzmodell-Nummer zu.*

[?] Wenn ich einen Ausflug mache, darf ich Fahrrad fahren.

[?] Ich fahre ans Meer, wenn ich Ferien habe.

[?] Wenn ich kommen darf, bin ich glücklich.

[?] Wenn er anruft, komme ich mit.

[?] Sie kommt zur Party, wenn du sie einlädst.

[?] Willi ist begeistert, wenn er Fußball sehen kann.

10 *Sucht einen Partner. Macht Dialoge.*

Das habe ich gelernt:

Wie geht es dir?	Es geht mir prima.
Wie geht es euch?	Es geht uns nicht gut.
Was fehlt ihm denn?	Er hat Kopfschmerzen.
Was tut euch weh?	Der Bauch tut uns weh.
Geht es dir gut?	Ja, es geht mir gut./Nein, es geht mir nicht gut.
Tut euch der Kopf weh?	Ja, der Kopf tut uns weh./Nein, der Kopf tut uns nicht weh.
Was darfst du essen?	Ich darf alles essen.
Darfst du Limo trinken?	Ja, ich darf Limo trinken./Nein, ich darf keine Limo trinken.
Wann bist du traurig?	Wenn ich allein spielen muss.

Die Schlaumeier im Krankenhaus

> Herr Schlau hat sein Bein gebrochen. Er ist im Krankenhaus.

> Tut ihm sein Bein sehr weh? Dürfen wir ihn besuchen?

> Ich habe eine Idee! Wir machen ein Geschenk für Herrn Schlau!

> Ja, toll, ich baue ein Laufmobil,
> du hilfst **mir**,
> und du kaufst Holz.
> Rita hilft **dir**
> und er bringt das Werkzeug.
> Rosa hilft **ihm**
> und sie bringt das Seil mit.
> Du hilfst **ihr**
> und es schreibt eine Karte.
> Ihr helft **ihm**
> und wir bauen das Laufmobil.
> Alle helfen **uns**
> und ihr dekoriert das Mobil.
> Wir helfen **euch**
> und sie machen die Räder fest.
> Ich helfe **ihnen**.
> Frau Schlau, Sie packen das Mobil ein.
> Wir helfen **Ihnen**.

> Jetzt – dürfen!
> Und ich **darf** ihm das Geschenk geben,
> du **darfst** mir helfen,
> er **darf** auch helfen,
> sie **darf** mitkommen,
> es **darf** ihm die Karte geben,
> aber wir **dürfen** nicht laut sein,
> ihr **dürft** nicht schreien,
> sie **dürfen** ein Lied singen,
> Sie **dürfen** das Paket öffnen, Herr Schlau!

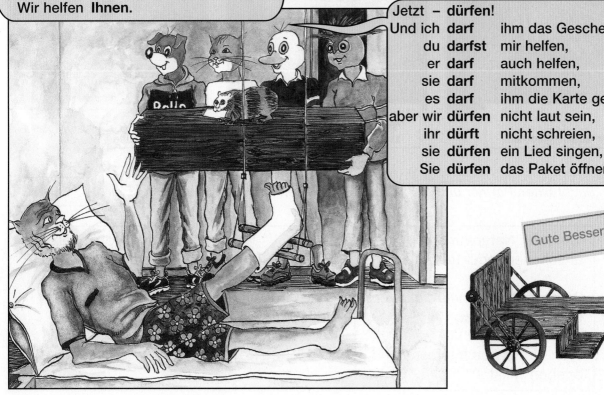

Gute Besserung!

Klassenfahrt ins Salzburger Land

Wohin können wir denn heute fahren?

1. die Festung Hohensalzburg

zu + der

zur Festung

2. die Festungsbahn

zu + der

zur Festungsbahn

3. das Festungsmuseum

zu + dem

zum Festungsmuseum

4. das Geburtshaus von Mozart

zu + dem

zum Geburtshaus

5. die Salzbergwerke

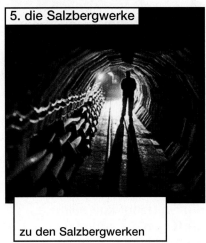

zu den Salzbergwerken

6. der Wasserfall von Krimml

zu + dem

zum Wasserfall

7. die Eishöhle Werfen

zu + der

zur Eishöhle

1 *Sucht einen Partner und gebt euch Ratschläge.*

AB 1, 2

Wenn du Naturwunder anschauen möchtest,		zur Festung Hohensalzburg. zum Wasserfall.
Wenn du Sehenswürdigkeiten besichtigen willst,	fährst du gehst du läufst du	zu den Salzbergwerken. ...
Wenn du etwas Interessantes erleben willst,		

2a *Ordne die Texte den Fotos zu. Welches Foto hat keinen Text?*

A **?** Hier wurde der berühmte Musiker geboren. Die Wohnung seiner Familie ist heute ein Museum. Dort kann man seine Musikinstrumente besichtigen, Bilder und Briefe der Familie anschauen. Seine Familie wohnte hier 26 Jahre lang im 3. Stock.

B **?** Ihr Eingang ist 18 m hoch und 20 m breit. Auch im Sommer hat sie eine Temperatur von 0°C. Sie ist 42 km lang. Sie ist die größte auf der Welt. Die Besucher können etwa einen Kilometer besichtigen und sehen dort die schönsten Figuren aus Eis.

C **?** Er liegt in den Alpen im Nationalpark „Hohe Tauern". Das Wasser fällt in drei Stufen in die Tiefe. Es fließt aus 380 m Höhe in den Fluss Salzach. Auf einem 4 km langen Weg können die Besucher dieses Naturwunder anschauen. Dort gibt es auch einen Aqua-Park. Man lernt dort, wie wichtig Wasser für die Menschen ist.

D **?** Sie ist fast 1000 Jahre alt. Sie ist die größte Burg in Mitteleuropa und hat 50 Gebäude. In der Burg suchten die Salzburger Schutz, wenn Krieg war. Im „Goldenen Saal" können Touristen Malereien aus alter Zeit bewundern und Künstler aus aller Welt besuchen hier die Kurse der „Internationalen Sommerakademie".

E **?** Hier holt man seit mehr als 3000 Jahren das „weiße Gold" aus dem Berg. Das „weiße Gold" machte Salzburg zu einer reichen Stadt und gab der Stadt den Namen. Die Salzburger verkauften es in ganz Europa. Heute kann man die Salinen im Berg besichtigen. Die Besucher fahren mit einem Zug in den Berg und mit einem Floß über den Salzsee.

F **?** Sie fährt seit mehr als 100 Jahren auf den Festungsberg. Heute fährt sie elektrisch. Früher musste der Wagen oben schwerer sein als der Wagen unten. Aus diesem Grund füllte man Wasser in den Wagen auf der Bergstation. Bei der Fahrt konnte der Wagen auf dem Berg dann den Wagen von unten hochziehen. Für jede Person, die hochfahren wollte, musste man oben 80 Liter Wasser einfüllen.

b *Was passt zu welchem Text?*

AB 3

1. Dort ist es immer kalt.
2. Hier lebte er viele Jahre.
3. Sie hat viele Gebäude.
4. Sie hat zwei Wagen.
5. Salz machte die Stadt reich.
6. Dort kann man in den Berg fahren.
7. Dort kann man alte Malereien anschauen.
8. Dort sieht man Dinge aus der Geschichte der Burg.
9. Sie ist jetzt elektrisch.
10. Die Menschen brauchen das Wasser.
11. Sie ist länger als 40 km.
12. Hier gibt es im Sommer Kurse.

1	2	3	4	5	6	7	8	9	10	11	12
?	?	?	?	?	?	?	?	?	?	?	?

3 *Was gehört wem? Fragt euch gegenseitig.*

AB 4, 5

Familie Baumann macht Ferien im Salzburger Land. Sie fahren mit ihrem Wohnmobil.

die Mutter

Sie möchte malen, schwimmen und in der Sonne liegen.

der Vater

Er fährt das Wohnmobil und möchte Sehenswürdigkeiten besichtigen.

die Zwillinge

Sie klettern und wandern gern. Sie schlafen am liebsten im Zelt.

das Baby

Es ist 10 Monate alt.

Wem gehört/gehören ...?

... gehört/gehören **dem** Vater.
dem Baby.
der Mutter.
der Familie Baumann.
den Zwillinge**n**.

das Wohnmobil

die Kamera

das Spielzeug

der Rucksack

der Badeanzug

die Wanderschuhe

die Landkarte

die Schlafsäcke

der Teddy

das Zelt

der Sonnenhut

das Malzeug

die Eintrittskarte

4 *Wo versteckt sich Ludwig? Merk dir einen Ort und lass die anderen raten.*

AB 6

L5

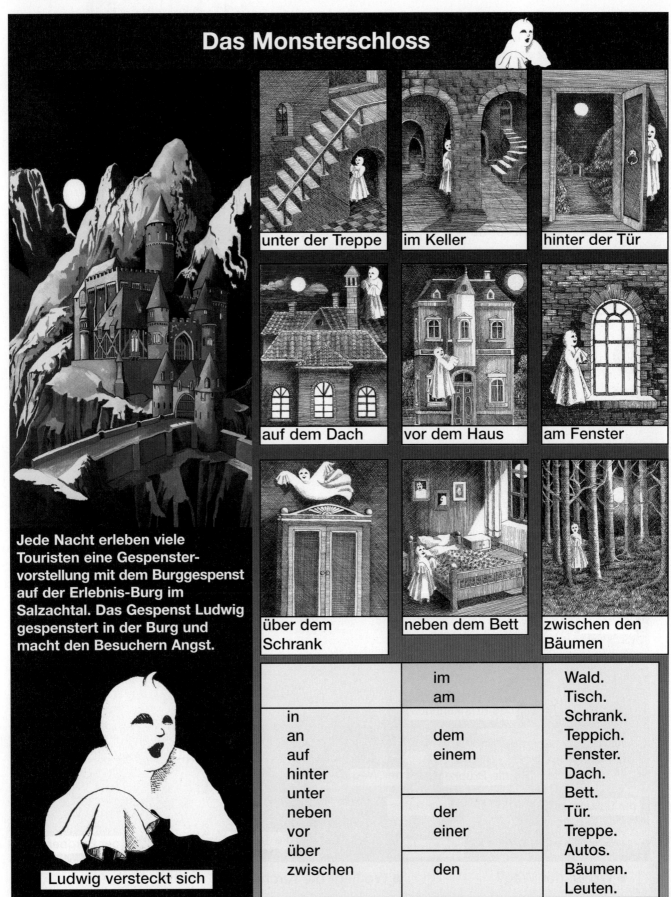

Das Monsterschloss

unter der Treppe	im Keller	hinter der Tür
auf dem Dach	vor dem Haus	am Fenster
über dem Schrank	neben dem Bett	zwischen den Bäumen

Jede Nacht erleben viele Touristen eine Gespenster-vorstellung mit dem Burggespenst auf der Erlebnis-Burg im Salzachtal. Das Gespenst Ludwig gespenstert in der Burg und macht den Besuchern Angst.

Ludwig versteckt sich

	im	Wald.
	am	Tisch.
in		Schrank.
an	dem	Teppich.
auf	einem	Fenster.
hinter		Dach.
unter		Bett.
neben	der	Tür.
vor	einer	Treppe.
über		Autos.
zwischen	den	Bäumen.
		Leuten.

43

5 *Hört das Lied und singt mit.*

 ## Ludwig, das Gespensterkind

1. Ludwig, das Gespensterkind,
   heult manchmal irgendwo
   im Wald, ganz schaurig wie der Wind,
   und dann erschrickst du so.

2. Ludwig, das Gespensterkind,
   klopft auf der Treppe so
   wie Tropfen, die unheimlich sind,
   und dann erschrickst du so.

3. Ludwig, das Gespensterkind,
   lacht vor dem Fenster so
   wie Hexen, die ganz böse sind,
   und dann erschrickst du so.

4. Ludwig, das Gespensterkind,
   quietscht in dem Zimmer so
   wie Türen, die verrostet sind,
   und dann erschrickst du so.

5. Ludwig, das Gespensterkind,
   träumt manchmal fürchterlich
   von Monstern, die viel größer sind,
   und dann erschreckt er sich.

6 *Beschreibt das Foto von Salzburg.*

AB 7, 8

die Fahne

die Wolken

der Turm

der Gaisberg

der Kühberg

der Wald

die Festung

das Krankenhaus

das Tor

die Brücke   der Weg

die Salzach   die Autos

die Treppe   der Burgberg

die Kirche

● Wo ist der Weg?
○ An der Salzach.

● Wo liegt die Kirche?
○ Links unter der Burg.

7 *Schau das Bild an. Was ist richtig? Was ist falsch? Lies dann den Text.*

	R	F
1. Unter den Gespenstern ist die Autobahn.	?	?
2. Ludwig fliegt vorn.	?	?
3. Ludwig und sein Freund tragen einen Gespensterhut.	?	?
4. Links neben der Autobahn liegt das Meer.	?	?
5. Die Autobahn liegt zwischen Bergen und Wäldern.	?	?
6. Auf dem Rücken von Ludwig sitzt eine Katze.	?	?

Gespensterbesuch auf der Festung Hohensalzburg

Heute Nacht will Ludwig in Salzburg auf der Festung gespenstern. Er will den Besuchern Angst machen. Das Schuhu möchte mitkommen und ihm helfen. Das Schuhu ist kein Gespenst. Es ist kein Monster und keine Hexe. Es ist auch kein Zauberer. Das Schuhu ist ein Schuhu und der Freund von Ludwig. Das Schuhu zieht ein Gespensterhemd von Ludwig an. Jetzt sieht es aus wie ein Schuhu im Gespensterhemd. Die Zauberkatze von Ludwig kommt natürlich auch mit.

„Wie kann ich dir helfen?", fragt das Schuhu. „Du hilfst mir, wenn du alles genauso machst wie ich", antwortet Ludwig. Sie fliegen über die Berge, über den Mondsee, durch die Wälder, über die Autobahn nach Salzburg. Um Mitternacht kommen sie in Salzburg an und fliegen zur Festung Hohensalzburg. In der Burg ist ein Fenster offen ...

8 *Hör zu und bring die Sätze in die richtige Reihenfolge.*

?	Die Kinder haben Durst.
1	Ein Burgfenster ist offen.
?	Ludwig fliegt auf das Bett.
?	Das Schuhu liegt hinter der Tür.
?	Das Schuhu liegt vor dem Bett.
?	Ludwig fliegt neben die Tür.
?	Die Kinder gehen in die Küche.
?	Das Schuhu liegt unter dem Fenster.

9a Übt das „r" wie im Foto und lest die Wörter.

1. Gurgelt mit Wasser.
2. Gurgelt dann ohne Wasser und sprecht die r-Wörter.

Rücken	grau	hören
grün	Treppe	Brücke
Straße	prima	fragen
Regen	Österreich	Ferien
Reise	Schrank	Rucksack

b Höre die Wörter. Wo hörst du das „r" und wo nicht?

r ☒

1. Reise ? ?
2. Fenster ? ?
3. Zimmer ? ?
4. richtig ? ?

r ☒

5. Ohr ? ?
6. hinter ? ?
7. Bruder ? ?
8. elektrisch ? ?

r ☒

9. Mutter ? ?
10. fahren ? ?
11. Park ? ?
12. Tourist ? ?

r ☒

13. Natur ? ?
14. Wunder ? ?
15. Malerei ? ?
16. Wasser ? ?

10 Sucht einen Partner. Macht Dialoge.

Das habe ich gelernt:

Wohin fährst du?	Zum Sportplatz.
Wohin gehst du?	Zum Schloss.
Wohin läufst du?	Zur Schule.
	Zu den Schiffen.
Wo gibt es Postkarten?	Im Zentrum.
Wo liegt der Hafen?	Am Fluss.
Wo ist die Kirche?	Auf der Burg.
Wo liegt die Burg?	In den Bergen.
Wem gehört die Kamera?	Dem Lehrer oder einem Schüler.
Wem gehört das Spielzeug?	Dem Baby oder einem Kind.
Wem gehören die Postkarten?	Der Lehrerin oder einer Schülerin.
Wem gehören die Rucksäcke?	Den Schülern.
Wem hilfst du?	Dem Freund/einem Freund, der Freundin/einer Freundin oder den Mitschülern.
Wem macht das Gespenst Angst?	Dem Jungen/einem Jungen, dem Mädchen/einem Mädchen, der Oma/einer Oma und den Kindern.

Die Schlaumeier in Salzburg

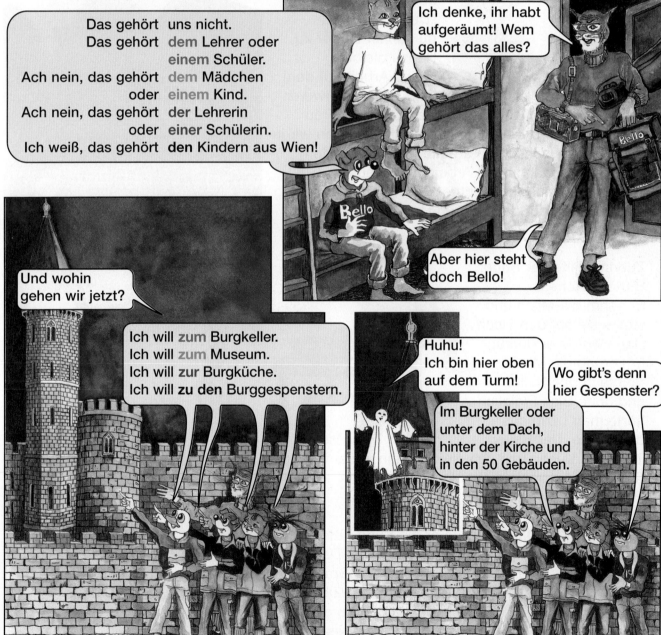

Tauschen

Ein Bauernmärchen

Es war einmal ein Bauer. Er hatte eine Frau und ein Kind. Sie lebten auf einem Bauernhof und hatten Kühe und Schweine. Der Mann arbeitete auf dem Feld, aber die Frau blieb zu Hause. Sie fütterte die Tiere, machte das Haus sauber, kochte das Essen und spielte mit dem Kind.

Einmal sprach der Mann: „Du hast es gut, du kannst immer zu Hause bleiben. Meine Arbeit auf dem Feld ist viel schwerer." Da wurde die Frau böse und antwortete: „Wenn du willst, können wir ja die Arbeit tauschen. Ich arbeite morgen auf dem Feld und du machst die Arbeiten im Haus." „Gut", sprach der Bauer und lachte. Früh am nächsten Tag ging die Frau auf das Feld und der Bauer durfte zu Hause bleiben.

Zuerst wollte der Bauer Butter machen. Er nahm die Milch und stellte sie auf den Tisch. Dann wurde er durstig. Er vergaß die Milch, rannte in den Keller und holte Bier. Plötzlich hörte man Lärm aus der Küche. Der Bauer lief in die Küche und sah ein Schwein in der Küche. Das Schwein trank in aller Ruhe die Milch. „So ein Mist", dachte der Bauer ärgerlich.

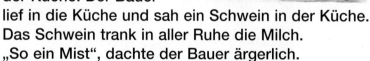

Dann musste er die Kühe füttern. „Die Kühe können auf dem Dach fressen. Da gibt es genug Gras", dachte er und brachte die Kühe auf das Dach. Jetzt konnten die Kühe auf dem Dach Gras fressen. Da hörte man Lärm aus dem Haus. Das Kind schrie laut. Es war hungrig und wollte essen. „So ein Mist", dachte der Bauer ärgerlich.

Er lief in die Küche, nahm einen Topf mit Milch und stellte ihn auf das Feuer. Plötzlich hörte man Lärm vom Dach. Der Bauer sah nach oben. Da kamen die Beine der Kuh durch das Dach. „So ein Mist", dachte der Bauer ärgerlich. Da kam die Bäuerin nach Hause und öffnete die Tür.

Sie sah das Durcheinander in der Küche und lachte laut: „Na, ist die Arbeit im Haus leichter?" „Nein", sprach der Bauer, „das sage ich nie wieder."
Der Bauer und die Bäuerin lebten nun glücklich und zufrieden. Sie tauschten ihre Arbeit nie wieder.

1a Lest das Märchen. Sucht dann einen Partner. Der Erste beginnt den Satz, der Zweite setzt ihn fort.

1. Der Bauer und die Bäuerin	leb-		a) die Tür.
2. Die Bäuerin	koch-		b) in den Keller.
3. Der Bauer	arbeite-		c) So ein Mist!
4. Die Bäuerin	öffne-		d) Gras fressen.
5. Der Bauer	rann-	**te**	e) auf einem Bauernhof.
6. Der Bauer	brach-	**ten**	f) essen.
7. Der Bauer	dach-		g) zu Hause bleiben.
8. Das Kind	woll-		h) das Essen.
9. Der Mann	durf-		i) die Kühe füttern.
10. Die Kühe	konn-		j) auf dem Feld.
11. Der Bauer	muss-		k) die Kühe auf das Dach.

b Tauscht jetzt die Rollen.

AB 1

1. Die Frau	blieb-		a) die Milch.
2. Die Frau	ging-		b) in die Küche.
3. Der Bauer	vergaß-		c) in aller Ruhe.
4. Der Bauer	nahm-		d) auf das Feld.
5. Die Bäuerin	kam-	**-**	e) ein Schwein.
6. Der Bauer	lief-	**en**	f) zu Hause.
7. Das Schwein	trank-		g) nach Hause.
8. Das Kind	schrie-		h) durch das Dach.
9. Der Bauer	sah-		i) einen Topf.
10. Die Beine	kam-		j) laut.

2 *Schaut das Bild an und stellt euch Rätselfragen.*

AB 2

	auf dem Dach?
	rechts neben der Diele?
	links neben der Diele?
	auf dem Dachboden?
Was war	hinter dem Pferdestall?
Was gab es	hinter dem Schweinestall?
	hinten in der Diele?
	hinter der Küche?
	neben der Wohnstube?
	neben dem Kinderzimmer?
	in der Küche?
	im Brunnen?

Auf dem Dach war/waren der/das/die ...
Auf dem Dach gab es den/das/die ...

Alles unter einem Dach

So lebten die Bauern früher in Norddeutschland

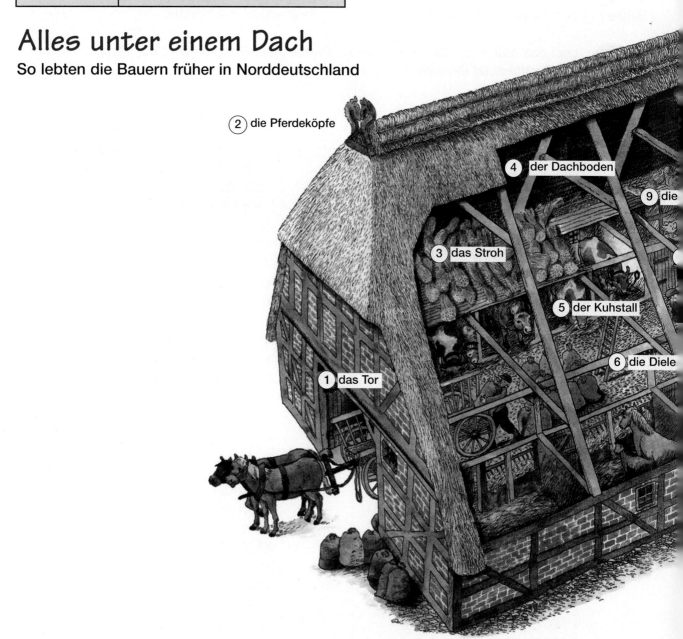

2 die Pferdeköpfe

4 der Dachboden

9 die

3 das Stroh

5 der Kuhstall

6 die Diele

1 das Tor

3 *Im Bauernhaus: Was machten sie wo? Berichtet bitte.*

AB 3–5

der Bauer • die Bäuerin die Bauernkinder • die Arbeiter die Pferde • die Kühe • die Schweine das Getreide • das Stroh die Würste • das Fleisch das Feuer	essen (er aß), fahren (er fuhr), fressen (er fraß), hängen (er hing), helfen (er half), liegen (er lag), schlafen (er schlief), sitzen (er saß), stehen (er stand), trinken (er trank) brennen (er brannte) arbeiten, backen, füttern, heizen, kochen

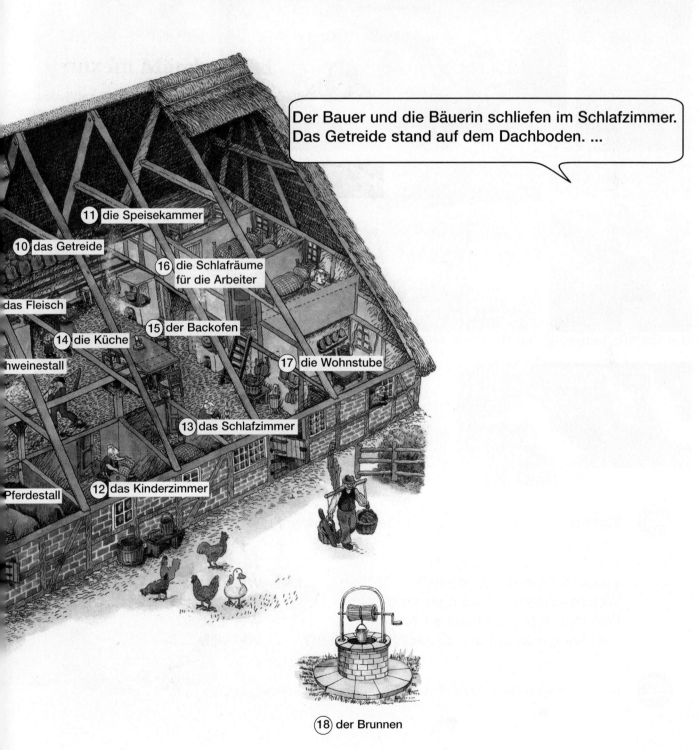

Der Bauer und die Bäuerin schliefen im Schlafzimmer.
Das Getreide stand auf dem Dachboden. ...

11 die Speisekammer

10 das Getreide

16 die Schlafräume
für die Arbeiter

das Fleisch

15 der Backofen

14 die Küche

hweinestall

17 die Wohnstube

13 das Schlafzimmer

12 das Kinderzimmer

Pferdestall

18 der Brunnen

Zu Besuch bei Familie Krüger im Alten Land

der Bauernhof von Familie Krüger

Bauer Krüger

der Obstanbau

der Gemüseanbau   der Roggenanbau

die Gänsehaltung   das Windrad   Ferien auf dem Bauernhof

4a *Sucht einen Partner. Fragt euch gegenseitig zu den Fotos.*   AB 6

Welche Tiere hält Familie Krüger?	Wo wohnt/liegt ...?
Welches Obst bauen sie an?	Wie alt ...?
Welches Gemüse bauen sie an?	Wie gefällt dir ...?
Welches Getreide bauen sie an?	Wer lebt ...?
Was kann man auf dem Bauernhof machen?	Wie viele ...?

b *Welche Fragen hast du noch an Familie Krüger? Schreib in dein Heft.*

5a *Hör zu. Was ist richtig? Was ist falsch?*

	R	F
1. Das Bauernhaus sieht ganz modern aus.	?	?
2. Der Bauernhof gehört Familie Krüger seit 200 Jahren.	?	?
3. Wasser holen sie aus dem Brunnen.	?	?
4. Die Badezimmer haben fließendes Wasser.	?	?
5. Krügers haben im Sommer keine Feriengäste.	?	?
6. Die Feriengäste können auf dem Bauernhof helfen.	?	?
7. Die Feriengäste können Fahrradausflüge und Picknick machen.	?	?
8. Frau Krüger kocht nur mit Produkten vom eigenen Bauernhof.	?	?
9. Die Krüger-Kinder haben keine Freizeit.	?	?
10. Die Krüger-Kinder reiten jeden Tag 20 Kilometer zur Schule.	?	?

b *Eure Fragen zu Aufgabe 4b: Welche könnt ihr jetzt beantworten?*

6 *Was erzählt Opa Krüger? Setze seinen Bericht mit den Angaben unten fort.* ▷ **AB 7, 8**

> Herr Krüger, wie war das damals, als Sie noch ein Kind waren?

> Damals standen wir schon um vier Uhr morgens auf. Ich half im Stall und musste die Tiere füttern. ...

1. wir – morgens um vier Uhr aufstehen
2. ich – im Stall helfen
3. ich – die Tiere füttern müssen
4. wir – 10 Kühe und 5 Schweine halten
5. wir – um sieben Uhr zur Schule gehen
6. ich – eine Stunde zu Fuß laufen
7. wir – im Unterricht singen, lesen, schreiben, rechnen
8. ich – bis mittags in der Schule bleiben
9. mein Vater – mich mit dem Pferdewagen nach Hause fahren
10. wir – jeden Mittag Kartoffeln essen
11. ich – nachmittags auf dem Feld arbeiten
12. die Bauernfamilien – keine Freizeit und keine Ferien haben
13. wir – das Wasser aus dem Brunnen bekommen
14. ich – das Wasser im Eimer ins Haus tragen
15. meine Mutter – die Wäsche mit der Hand waschen
16. alle – abends früh ins Bett gehen
17. das Leben auf dem Land – nicht leicht sein

Präteritum: regelmäßig, gemischt			Präteritum: unregelmäßig		
ich/er/sie/es	fütter-	**te**	ich/er/sie/es	stand-, half-, hielt-,	**-**
du	arbeite-	**test**	du	ging-, lief-, sang-,	**(s)t**
	rechne-			las-, schrieb-, blieb-,	
wir/sie/Sie	brach-	**ten**	wir/sie/Sie	fuhr-, aß-, bekam-,	**en**
ihr	muss-	**tet**	ihr	trug-, wusch-	**t**

7a   *Hört zu und achtet auf die Vokale. Lest dann mit verteilten Rollen.*

Der Buchstaben-Verlierer

1. Die kleine Robbe Mo
robbte durch den Zoo,
fiel auf den Popo
und verlor das O.
Die kleine R-bbe M-
suchte nun das O.
Da kam der Braunbär Pu:
„Sei doch nicht traurig, du!
Ich gebe dir mein U.
Dann heißt du Rubbe Mu."

2. Die kleine Rubbe Mu
rubbte durch den Zuu,
fiel auf den Pupu
und verlor das U.
Die kleine R-bbe M-
suchte nun das U.
Da kam die Schlange Ka:
„Sei doch nicht traurig, na!
Ich gebe dir mein A.
Dann heißt du Rabbe Ma."

b   *Macht eigene Strophen mit anderen Vokalen.*

3. der Tiger Li
... wie!

4. der Affe Re
... he!

5. ...

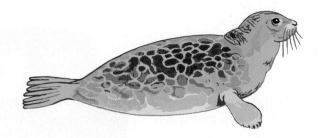

8   *Sucht einen Partner. Macht Dialoge.*

AB 9

Das habe ich gelernt:

Wie war das früher/damals?	Das Leben war nicht so leicht.
Was hatte das Bauernhaus nicht?	Es hatte keine Toilette.
Was gab es in der Küche?	Es gab einen Backofen.
Wer fütterte die Tiere?	Die Kinder fütterten die Tiere.
Was brannte im Backofen?	Dort brannte ein Feuer.
Konnte eine Bauernfamilie Ferien machen?	Sie konnte keine Ferien machen.
Wie kamen die Kinder zur Schule?	Sie gingen zu Fuß.

Die Schlaumeier machen Theater

Die Schlaumeier spielen „Rotkäppchen und der Wolf".

Es war einmal ein Rotkäppchen. Es wollte seine Oma besuchen. Da traf es im Wald den Wolf und den Jäger.

Halt! Ihr bleibt hier Ich brauche eure Hilfe.

Na, gehen,
ich **ging** durch den Wald,
du **gingst** nicht durch den Wald,
er **ging** mit,
sie **ging** nicht mit, aber
es **ging** mit. Na,
wir **gingen** alle zusammen,
ihr **gingt** zu Oma,
sie **gingen** alle mit und
Sie **gingen** auch mit, liebes Publikum.

Wo warst du denn so lange? Es gibt so viel Arbeit!

Nun mussten der Wolf und der Jäger bei der Hausarbeit helfen.

Dann saßen alle am Tisch und aßen.

Immer müssen* –
ich **musste** kochen,
du **musstest** aufräumen,
er **musste** Hühner füttern,
sie **musste** nichts machen,
es **musste** nichts machen,
wir **mussten** alles machen,
ihr **musstet** Pause machen,
sie **mussten** nicht arbeiten,
Sie **mussten** ja schlafen, Oma.

Der Wolf konnte aus Angst nicht Nein sagen.

Ja, denken –
ich **dachte** immer nur an dich,
du **dachtest** nicht an mich,
er **dachte** ans Jagen,
sie **dachte** nur ans Geld,
es **dachte** an das Fest,
wir **dachten** an Liebe,
ihr **dachtet** ans Heiraten,
sie **dachten** an Glück.
Sie **dachten** an den bösen Wolf, liebes Publikum.

Dann hatte das Rotkäppchen eine gute Idee.

Du bist ein guter Hausmann. Ich will dich heiraten! Was meinst du dazu?

Sie waren ein ideales Ehepaar und lebten glücklich bis an ihr Ende.

* wollen (woll**te**), können (konn**te**), dürfen (durf**te**)

55

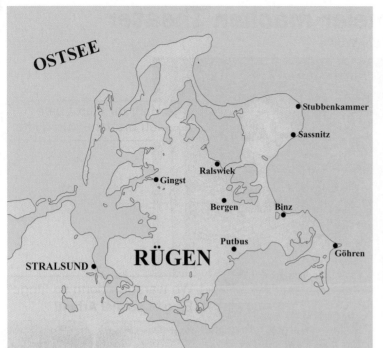

die Störtebeker-Festspiele in Ralswiek

die Kreideküste Stubbenkammer

der Hafen in Sassnitz

die Kleinbahn „Rasender Roland" in Göhren

die Strandpromenade in Binz

der Freizeitpark in Gingst

1 *Spielt mit verteilten Rollen. Macht dann neue Dialoge.*

AB 1

● Können Sie mir bitte eine Auskunft geben?
○ Ja, gern. Wie kann ich Ihnen helfen?
● Ich möchte **zu** den Störtebeker-Festspielen.
  Wie komme ich **von** Stralsund **nach** Ralswiek?
○ Sie fahren **von** Stralsund **über** Bergen **nach** Ralswiek.
● Vielen Dank für die Auskunft.

2 *Hört zu und schaut auf die Karte von Rügen.*
Was fehlt im Prospekt?

AB 2

Der Freizeitpark auf 1

Dort sehen Sie ein Modell von der 2 Rügen. Es gibt 3 interessante Modelle von Gebäuden aus 4 , zum Beispiel das 5 Neuschwanstein aus Bayern und den Reichstag von 6 . Alles liegt in einem wunderschönen Park. Die Parkeisenbahn mit Namen 7 fährt Sie durch den ganzen Freizeitpark.

Sie müssen nicht einmal laufen! Der Freizeitpark liegt sechs Kilometer westlich von Bergen, in 8 .

3 *Fragespiel: Sucht einen Partner und stellt euch gegenseitig jeweils sechs Fragen.*

AB 3

Störtebeker-Festspiele in Ralswiek-Rügen

„Der Wolf der Meere"

28. Juni bis 06. September
Montag–Samstag um 20.00 Uhr
ab 30. Juni: Die Adlershow „Könige der Lüfte"
im Vorprogramm um 18.00 Uhr

Naturbühne Ralswiek an der Bundesstraße 96
5 km nördlich von Bergen/Rügen

DIE PREISE				
	Platzgruppe IV (nicht nummeriert)	Platzgruppe III (nummeriert)	Platzgruppe II (nummeriert)	Platzgruppe I (nummeriert)
Kinder bis 12 Jahre	10 EUR	15 EUR	18 EUR	21 EUR
Erwachsene	12 EUR	18 EUR	21 EUR	24 EUR
mit Adlershow	+ 3 EUR	+ 3 EUR	+ 3 EUR	+ 3 EUR

1. Was findet von Juni bis September in Ralswiek statt?
2. Welchen Titel hat die Vorstellung?
3. Wie viele Vorstellungen gibt es am Tag?
4. Wo finden die Festspiele statt?
5. Wie weit ist es von Bergen bis Ralswiek?
6. Was kostet der Eintritt für zwei Kinder und zwei Erwachsene ohne Adlershow?
7. Wann finden die Festspiele in Ralswiek statt?
8. Wann beginnt die Vorstellung?
9. Wann gibt es keine Vorstellung?
10. Wo liegt die Naturbühne Ralswiek?
11. Wann kann man die Adlershow sehen?
12. Was kostet der Eintritt für zwei Kinder und zwei Erwachsene mit Adlershow?

4 *Was wisst ihr über Piraten? Erzählt.*

AB 4

Klaus Störtebeker – der ewige Pirat

Als Störtebeker vor 600 Jahren lebte, war er der größte Pirat in der Nordsee und Ostsee. Aber wer war dieser Störtebeker? Bis heute weiß man nicht genau, wer er war und woher er kam. Störtebeker überfiel nur reiche Kaufleute. Immer wenn er arme Leute traf, gab er ihnen Geld. Bis heute lebt Klaus Störtebeker in Büchern, Filmen, Ausstellungen und Festspielen als ewiger Pirat weiter.

Als damals viele Bauern immer ärmer wurden und hungern mussten, gingen sie zu den Piraten. Immer wenn die Piraten ein Schiff überfielen, teilten sie die Schätze. Die Piraten waren eine große Gefahr für den Handel mit England, Schweden, Dänemark und Russland. Als es immer mehr Piratenschiffe gab, konnten die Kaufleute ihre Waren nicht mehr sicher transportieren und verkaufen.

Wer war ...?	Wann lebte ...?	Wo gab es ...?
Wer ging ...?	Wen überfielen ...?	Was teilten ...?
Wer lebte ...?	Was gab ...?	Welche Gefahr waren ...?

5 *Hört das Lied und singt mit.*

Das Piratenlied

1. Alle, die mit auf Piratenfahrt fuhren,
   mussten Männer mit Bärten sein.
   Jan und Hein und Klaas und Pit,
   die hatten Bärte, die hatten Bärte,
   Jan und Hein und Klaas und Pit,
   die hatten Bärte, die fuhren mit.

2. Alle, die mit uns den Weinbrand tranken,
   mussten Männer mit Bärten sein.

3. Alle, die mit uns das Salzfleisch aßen,
   mussten Männer mit Bärten sein.

4. Alle, die mit uns nach Schätzen suchten,
   mussten Männer mit Bärten sein.

5. Alle, die mit uns die Schätze teilten,
   mussten Männer mit Bärten sein.

6a Erzählt die Geschichte mit als-Sätzen.

AB 5

Das passierte an der Ostsee, als es noch Piraten gab

1. Es (wurde) März.

   Als es März (wurde),

Die Piraten (segelten) nach Flensburg.

(segelten) die Piraten nach Flensburg.

2. Die Flensburger entdeckten das Piratenschiff.
3. Das Piratenschiff kam immer näher.
4. Die Piraten kamen in die Stadt.
5. Die Piraten gingen ins Rathaus.
6. Sie öffneten die Schatzkiste.
7. Sie machten den Brief auf.
8. „Wir sahen das Piratenschiff.

Sie bekamen Angst.
Die Flensburger versteckten sich im Wald.
Die Stadt war leer.
Sie fanden die Schatzkiste.
Sie sahen einen Brief.
Dort stand:
Wir brachten unseren Schatz nach Schleswig."

b Schaut auf die Karte und setzt die Geschichte fort.

Als es April wurde, ... nach Schleswig. ...

... Mai ..., ... nach Kiel. ...

7 Wie war es, wenn Piraten eine Stadt angriffen? Erzählt bitte.

AB 6

Immer wenn Piraten eine Stadt angriffen, war es so:

1. Die Piraten (wollten) angreifen.

   Immer wenn die Piraten angreifen (wollten), (zeigten) sie ihre Piratenfahne.

Sie (zeigten) ihre Piratenfahne.

2. Die Leute sahen ein Piratenschiff.
3. Das Piratenschiff kam näher.
4. Die Piraten kamen in die Stadt.
5. Die Piraten waren in der Stadt.
6. Sie fanden einen Schatz.
7. Sie kamen mit einem Schatz zurück.

Sie bekamen Angst.
Die Leute machten Fenster und Türen zu.
Die Leute versteckten sich.
Sie suchten Geld und Gold.
Sie teilten den Schatz.
Die Piraten feierten ein Fest.

1. ?

2. ?

Die Wikinger lebten vor über 1000 Jahren überall an der Ostsee. Sie waren gute Handwerker, mutige Seefahrer und kluge Kaufleute. Sie segelten bis nach Frankreich, Spanien, Portugal, Italien, Russland und sogar bis nach Asien. Sie gründeten Dörfer in Island und Grönland und kamen schon 500 Jahre vor Kolumbus nach Amerika. Doch die Wikinger waren nicht nur als Kaufleute unterwegs. Sie waren auch gefährliche Piraten. Ihre Drachenschiffe fuhren sehr schnell.

Die Wikinger griffen auch Dörfer und Städte an. Sie nahmen alles, was sie gebrauchen konnten. Oft nahmen sie die Einwohner mit und verkauften sie als Sklaven.

3. ?

Die Wikinger lebten mit ihren Familien und den Sklaven auf großen Bauernhöfen. Das Haus der Wikinger war ein Langhaus. Es hatte nur einen Raum für Menschen und Tiere. Das Haus war aus Holz mit Gras auf dem Dach und hatte meistens keine Fenster. An den Wänden standen Bänke. Da saß und schlief die ganze Familie. Nur der Familienvater hatte ein großes Bett und einen Stuhl. In der Mitte brannte den ganzen Tag ein Feuer. Man kochte auf dem Feuer. Es sollte im Haus auch Licht und Wärme geben.

Die Wikingerfrauen machten alles selbst. Sie nähten die Kleidung und die Segel für die Schiffe. Sie machten Salzfleisch und trockneten Fische für den Winter.

4. ?

Die Wikinger machten gern Sport. Im Sommer schwammen sie im Meer und in den Flüssen und liefen um die Wette. Sehr beliebt war das Werfen mit großen Steinen. Sie hoben schwere Steine und warfen sie so weit wie möglich. Gefährlich, aber beliebt war das Seilziehen. Zwei Wikinger standen am Feuer und hielten ein Seil. Dann zogen beide mit aller Kraft, bis einer ins Feuer fiel. Im Winter liefen die Wikinger Ski und warfen mit Schneebällen.
Sie erzählten gern Geschichten, sangen, machten Würfelspiele und feierten Feste.

8 *Welche Überschrift passt?*

A [?] So lebten die Wikinger

B [?] Spiel und Sport
bei den Wikingern

C [?] Die Wikinger an der Ostsee

D [?] Die Wikinger als Seefahrer
und Piraten

9 *Hör zu. Ordne dann die Angaben den Nummern im Bild zu.*

So sah das Drachenschiff aus

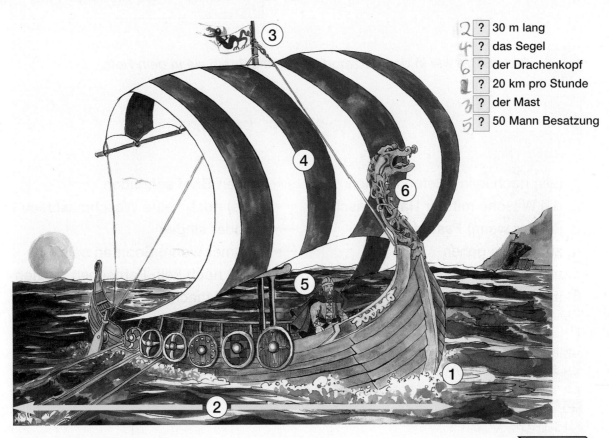

2 [?] 30 m lang
4 [?] das Segel
6 [?] der Drachenkopf
1 [?] 20 km pro Stunde
3 [?] der Mast
5 [?] 50 Mann Besatzung

10 *Erzählt von den Wikingern.*

> AB 7

Die Wikinger	konn-		sehr schnell fahren.
Der Familienvater	woll-		schon bis nach Amerika fahren.
Die Wikingerfrauen	muss-	**te**	die Kleidung selbst nähen.
Die Sklaven	durf-	**ten**	das Haus warm halten.
Das Drachenschiff	soll-		in einem Bett schlafen.
Das Feuer			im Haus Licht geben.
			Fische für den Winter trocknen.
			immer am stärksten sein.
			Dörfer und Ställe überfallen.
			nicht weglaufen.
			schwere Steine weit werfen.

Satzmodelle

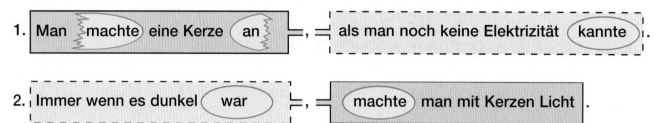

1. Man <u>machte</u> eine Kerze <u>an</u> , als man noch keine Elektrizität <u>kannte</u> .

2. Immer wenn es dunkel <u>war</u> , <u>machte</u> man mit Kerzen Licht .

11 *Bilde Sätze wie in den Satzmodellen und schreib sie in dein Heft.*

So war es früher

1. (als) noch kein Telefon kennen   ⟶   einen Brief schreiben
2. die Wäsche mit der Hand waschen   ⟶   (als) noch keine Waschmaschine kennen
3. (immer wenn) Feste feiern   ⟶   Lieder singen
4. zur Kirche gehen   ⟶   (immer wenn) Sonntag sein
5. abends Geschichten erzählen   ⟶   (als) noch kein Fernsehen kennen
6. (immer wenn) kochen wollen   ⟶   Feuer machen

12   *Sucht einen Partner. Macht Dialoge.*

Das habe ich gelernt:

Können Sie mir bitte eine Auskunft geben?	Ja, gern. Wie kann ich Ihnen helfen?
Wie komme ich von Berlin nach Köln?	Sie fahren von Berlin über Hannover nach Köln.
Wie weit ist es von Berlin bis Köln?	Das sind 500 Kilometer.
Wo findet das Konzert statt?	Im Konzerthaus.
Was kostet der Eintritt?	Er kostet 23 Euro.
Wann beginnt die Vorstellung?	Um 20 Uhr.
Wann war eine Fahrt mit dem Schiff gefährlich?	Als es noch Piraten gab.
Wann hatten die Rostocker Angst?	Immer wenn sie Piratenschiffe sahen.
Wann gehst du ins Kino?	Wenn ich Zeit habe.

Die Schlaumeier machen eine Klassenparty

Die höchste Bahnstation in den Alpen

von KURT KÖPFLE

- ZÜRICH. Fast 100 Jahre alt ist heute
- Europas höchste Bahnstation im
- Berner Oberland in der Schweiz. Von
- der Station „Kleine Scheidegg" fährt
5 die Zahnradbahn auf das Jungfraujoch.
- Sie erreicht 3454 Meter Höhe.
- Wir sprachen mit dem Bahnsekretär
- der Jungfraubahn.
- *Frage: Wann hat man mit dem Bau der*
10 *Bahn begonnen?*
- Bahnsekretär: Mit dem Bau der Bahn
- hat man 1896 begonnen. Die Bauarbei-
- ten haben 16 Jahre gedauert. Am
- 1. August 1912 hat man die Jungfraubahn
15 eröffnet. Der Ingenieur Adolf Guyer-
- Zeller aus Zürich hat die Zahnradbahn
- konstruiert.

- *Frage: Wie lang ist denn die Strecke?*
- Bahnsekretär: Die Strecke von der
20 Station „Kleine Scheidegg" bis zur
- Station „Jungfraujoch" ist 9336 Meter
- lang, davon fährt die Bahn 7100 Meter
- durch Tunnel. An den Haltestellen hat
- man in den Tunnel Fenster eingebaut.
25 So können die Fahrgäste durch die
- Fenster auf die Berge schauen.
- *Frage: Warum hat man eigentlich die*
- *Bahn gebaut?*
- Bahnsekretär: Schon immer haben viele
30 Touristen die Schweiz besucht. Viele von
- ihnen waren und sind Ski-Touristen.
- Deshalb hat man in der Schweiz schon
- früh mit dem Bau von Skiliften und
- Bergbahnen begonnen. Man hat auch
35 die alten Wagen der Jungfraubahn
- immer wieder repariert. Manchmal fahren
- sie auch heute noch.

- *Frage: Was gibt es denn oben auf dem*
- *Jungfraujoch?*
40 Bahnsekretär: Für die Skiläufer hat
- man einen Skilift gebaut und eine Ski-
- schule eröffnet. Man kann auch
- Schlittenfahrten mit Hunden machen.
- 19 Schlittenhunde ziehen Schlitten mit
45 Touristen. Die ersten Schlittenhunde
- hat man schon 1913 trainiert und
- eingesetzt.

- *Frage: Gibt es da nicht auch eine*
- *Forschungsstation für Klima und Wetter*
50 *in den Alpen?*
- Bahnsekretär: Ja, die Forschungsstation
- „Jungfraujoch" hat man 1937 eröffnet.
- Man hat auch den Fahrstuhl nicht
- vergessen. Im Innern des Berges fährt
55 man mit dem Lift zum Aussichtspunkt
- und zur Forschungsstation. Vom
- Aussichtspunkt hat man eine fantastische
- Aussicht auf die Alpen. Hier steht man in
- 3571 Metern Höhe. Deshalb hat man hier
60 auch das Klettern verboten.

1   *Lest den Zeitungstext und fragt euch gegenseitig.*   > AB 1 >

1. Was hat man für die Skiläufer gebaut?
2. Wann hat man mit dem Bau der Jungfraubahn begonnen?
3. Wie lange haben die Bauarbeiten gedauert?
4. Was hat man an den Haltestellen in den Tunnel eingebaut?
5. Wann hat man die Jungfraubahn eröffnet?
6. Wer hat schon immer die Schweiz besucht?
7. Wann hat man schon Schlittenhunde trainiert?
8. Was hat man für Skianfänger eröffnet?
9. Was hat man im Innern des Berges nicht vergessen?
10. Wo hat man eine Forschungsstation gebaut?
11. Welche Höhe hat man mit der Zahnradbahn erreicht?
12. Wie lang hat man die Bahnstrecke gebaut?

2 *Mach eine Tabelle in deinem Heft und such Beispiele im Zeitungstext.*

AB 2, 3

-ieren	be-, er-, ver-	ein-
… hat/haben ge…-t	… hat/haben ge…-t … hat/haben ge…-en	… hat/haben einge…-t
konstruieren, er hat konstruiert …	beginnen, man hat begonnen …	einbauen, …

3 *Lest den Brief und ergänzt die Verben im Perfekt.*

AB 4

besuchen • bringen • dauern • einbauen • erklären • ♪ fahren • fotografieren
nehmen • sehen • trainieren • vergessen • ziehen • ♪ zurückkommen

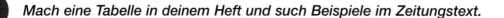

Bern, 9. Juli

Liebe Tante Rosi,

gestern sind wir mit der Zahnradbahn gefahren. Die Fahrt auf das
Jungfraujoch hat 50 Minuten gedauert. Das hat uns der Zugführer
erklärt: Die Bahn fährt bis auf 3454 Meter Höhe. Stell dir
vor, aus dem Tunnel haben wir sogar die Berge gesehen. Man hat
nämlich Fenster in den Tunnel eingebaut. Oben auf dem Berg
haben wir dann einen Schlitten genommen. Vier Schlittenhunde
haben unseren Schlitten gezogen. Das war toll! Für diese Arbeit
hat man die Schlittenhunde extra trainiert. Dann haben wir noch
den Aussichtspunkt besucht. Ein Fahrstuhl hat uns nach oben
gebracht. Von da oben (3571 Meter!) hatten wir eine tolle Aussicht.
Ich habe leider nicht fotografiert. Ich habe nämlich meine Kamera zu
Hause vergessen. Wir sind erst spät ins Hotel zurückgekommen …

Viele Grüße
deine Sarah

4 *Lies den Text. Was möchtest du noch über Barry wissen?*

Barry – der Rettungshund vom Großen St. Bernhard

Barry hat vor 200 Jahren gelebt. Er ist einer der berühmtesten Hunde der Welt. Er war ein Rettungshund aus dem Kloster auf dem Großen St. Bernhard. Barry hat vielen Menschen das Leben gerettet. Früher war das Reisen in den Alpen sehr gefährlich, besonders bei Nebel und Schnee. Im Kloster auf dem Großen St. Bernhard haben Mönche deshalb Rettungshunde trainiert. Die Hunde haben Reisenden bei Nebel und Schnee den Weg gezeigt. Wenn Reisende einen Unfall hatten, haben die Rettungshunde sie im Schnee gesucht und Hilfe geholt. Bis heute heißen die Rettungshunde vom Großen St. Bernhard „Bernhardiner".

Ich möchte wissen,	wer was wie wen wem wann wo wie lange wie alt wie weit	Barry	gelebt hat. gerettet hat. trainiert hat. geholfen hat. die Menschen gefunden hat. gelernt hat. für die Suche gebraucht hat. gemacht hat. geworden ist. gelaufen ist. gestorben ist. gekonnt hat.

5 *Hört zu und erzählt dann über Barry.*

Barry im Naturhistorischen Museum in Bern

> AB 5

Barry hat Barry ist	Menschen das Kind den Menschen den Weg über 40 Menschen 14 Jahre von 1800 bis 1814 die Glocke an der Tür in der ganzen Welt viel	gelebt. alt geworden. das Leben gerettet. trainiert. berühmt geworden. gezeigt. nicht verloren. im Schnee gesucht. im Schnee gefunden. auf dem Rücken getragen. zum Kloster gebracht. geläutet.

In der Käserei im Emmental

Für einen 90-Kilo-Laib Emmentaler Käse braucht man 1100 Liter Milch. Die Milch kommt von der Alp. „Alp" nennt man in der Schweiz Bergwiesen mit den Pflanzen und Blumen der Alpen. Von Mai bis September leben viele Bauernfamilien mit ihren Kühen auf der Alp.

Die Kühe sind im Sommer Tag und Nacht in der Natur ohne den Schmutz und den Lärm der Stadt.

Die Bauern liefern zweimal am Tag frische Milch von der Alp an die Käserei. Erst wenn man die Qualität der Milch kontrolliert hat, nimmt man die Frischmilch für den Emmentaler Käse.

Die Milch kommt in große Kessel. Bei 55 Grad läuft die Käsemilch in runde Formen.

Wenn das Wasser vom Käse abgelaufen ist, legt man den Käse für einen Tag in Salzwasser. Ohne das Salz schmeckt der Käse wie Gummi.

Dann bleibt der Käse für fünf Monate bei 20 bis 22 Grad im Keller von der Käserei. In dieser Zeit dreht und probiert man den Käse ständig. Der Käse wird langsam reif und bekommt seine typischen Löcher.

Dann macht man einen Test mit dem Käse. Man klopft und hört: Wenn der Ton ganz tief ist, dann ist der Emmentaler Käse reif.

So stellt man den Emmentaler Käse schon seit dem 13. Jahrhundert her. Heute produziert man im Emmental 50000 Tonnen Käse pro Jahr. Von dem Emmentaler Käse essen die Deutschen 3000 Tonnen pro Jahr.

6 *Lest den Text und ergänzt die Notizen im Heft.*

AB 6–8

- 1100 Liter Milch für ...
- Frischmilch für ...
- in Salzwasser für ...
- bei 20 bis 22 Grad im Keller für ...
- Kühe (Tag und Nacht) in der Natur ohne ...
- Käse schmeckt wie Gummi ohne ...

- Bergwiesen mit ...
- Bauernfamilien auf der Alp mit ...
- die Milch kommt von ...
- auf der Alp von ... bis ...
- das Wasser läuft ab vom ...
- im Keller von ...
- die Deutschen essen pro Jahr 3000 Tonnen von ...

Satzmodelle

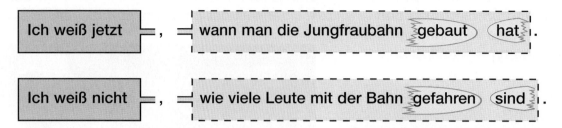

Ich weiß jetzt , wann man die Jungfraubahn gebaut hat.

Ich weiß nicht , wie viele Leute mit der Bahn gefahren sind.

7 *Bilde Sätze wie in den Satzmodellen und schreib sie in dein Heft.*

1. Wer hat die Jungfraubahn gebaut?
2. Wo hat Barry gelebt?
3. Wie alt ist Barry geworden?
4. Wann hat Barry das Kind gerettet?

5. Wo hat man zuerst Käse hergestellt?
6. Wen hat Barry im Schnee gesucht?
7. Welche Hunde hat man trainiert?
8. Wer hat die Löcher in den Käse gemacht?

8a *Hört zu. Wie muss man die Wörter betonen? Lest euch die Wörter dann gegenseitig vor.*

1. besuchen – besucht
2. mitfahren – mitgefahren
3. trainieren – trainiert
4. anrufen – angerufen
5. verlieren – verloren

6. ausmachen – ausgemacht
7. beginnen – begonnen
8. produzieren – produziert
9. eröffnen – eröffnet
10. mitnehmen – mitgenommen

b *Ergänzt bitte.*

verbieten – ?
vergessen – ?
anfangen – ?
aufschreiben – ?
erreichen – ?

erklären – ?
transportieren – ?
bekommen – ?
abreisen – ?
reparieren – ?

9 *Sucht einen Partner. Macht Dialoge.*

Das habe ich gelernt:

Für wen hast du das Geschenk gekauft?	Für deinen Bruder/unser Baby/ meine Schwester/meine Eltern.
Mit wem bist du in den Park gegangen?	Mit meinem Hund/dem Baby/der Klasse/ meinen Freunden.
Von wem hast du das bekommen?	Von meinem Vater/dem Kind/ meiner Mutter/den Touristen.
Bist du ohne deinen Bruder/das Baby/ deine Tante/deine Großeltern gekommen?	Ja, ich bin ohne ihn/es/sie gekommen. Nein, ich bin mit ihm/ihr/ihnen gekommen.

Die Schlaumeier machen Käsefondue

Heute machen wir Schweizer Käsefondue. Bello, erklär mal das Rezept!

Ich weiß nicht, **vergessen** –
ich habe das Rezept vergessen,
du hast es auch vergessen,
er hat es vergessen,
sie hat es vergessen,
es hat alles vergessen,
wir haben es alle vergessen,
ihr habt es vergessen,
sie haben es vergessen,
Sie haben es nicht vergessen,
stimmt's, Frau Schlau?

Schon wieder das Rezept erklären! Aber
ich habe es schon erklärt,
du hast es auch schon erklärt,
er hat es erklärt,
sie hat es erklärt,
es hat nichts erklärt,
wir haben das Rezept erklärt,
ihr habt es erklärt,
sie haben es erklärt,
Sie haben es dreimal erklärt, Frau Schlau.

Käsefondue
1 kg Emmentaler Käse
1 kg Gomser Käse
2 Zehen Knoblauch
3 Gläser Wein
Pfeffer
Muskat
1 Brot

Und jetzt prob**ieren** –
ich habe es noch nie geprobiert,
du hast noch nicht probiert,
er hat noch nicht probiert,
sie hat noch nicht probiert,
es hat auch nicht probiert,
wir haben alle nicht probiert,
ihr habt nicht probiert,
sie haben noch nicht probiert,
Sie haben es schon mal probiert!

Ja, ich habe ein Kilo Pfeffer genommen!

Hilfe, ist das scharf! Da ist ja zu viel Pfeffer drin!

Bello hat wieder alles falsch **ver**standen! Willst du noch Käsefondue, Turbo?

Nein danke, ich habe genug **bekommen**, du hast wohl auch genug **bekommen**.

Die Hauskatze

- Die Hauskatze gehört zur Familie der Katzen wie der
- Löwe, der Tiger und der Leopard. Schon vor 4000
- Jahren war die Katze ein Haustier in Ägypten. Mit den
- Seefahrern aus Nordafrika kamen die Katzen nach
5 Europa. Auf den Getreideschiffen jagten sie die Mäuse.
- Hauskatzen können ganz unterschiedlich aussehen.
- Ihr Fell kann einfarbig, mehrfarbig oder getigert sein.
- Ihre Haare können lang oder kurz sein. Es gibt mehr
- als 50 Hauskatzen-Rassen.
10 Katzen können 16 bis 20 Jahre
- alt werden. Das männliche Tier
- heißt Kater und das weibliche
- Tier heißt Katze.
- Die Hauskatze ist kein Rudeltier
15 wie der Hund. Die Katze lebt und
- jagt allein. Sie ist ein Einzelgänger.
- Eine Katze kann man nicht
- dressieren wie einen Hund. Sie
- reagiert nicht, wenn sie nicht
20 will. Die Katze braucht ihre
- Freiheit. Sie frisst Fleisch
- und Fisch. Heute füttert man
- sie oft mit Trockenfutter.
- Draußen ist die Katze ein
25 Jäger und Raubtier. Sie fängt
- Mäuse und Vögel.

Katzen lieben die Wärme. Sie liegen gern an der -
Heizung oder in der Sonne. Katzen schlafen unge- -
fähr 15 Stunden am Tag, aber nicht tief und fest. -
Wenn sie Lärm hören, sind sie sofort wach. 30
Katzen sind sehr sauber. Sie putzen ihr Fell unge- -
fähr vier Stunden am Tag. Die Katze kann sehr gut -
sehen, auch wenn es dunkel ist. Sie ist ein -
„Augentier" und sieht sechsmal besser als der -
Mensch. Die Krallen an ihren Pfoten sind lang und 35
spitz. Sie fällt auch aus großer Höhe immer auf ihre -
Pfoten. Wenn die Katze landet, sind ihre Pfoten wie -
Airbags. -
Die Katze kann zweimal im Jahr drei bis sechs -
Katzenbabys bekommen. Sie trinken vier bis sechs 40
Wochen Muttermilch. Zuerst sind die Katzenbabys -
blind. Sie öffnen die Augen erst am zehnten Tag. -
Die Katzenkinder spielen sehr gern. Im Spiel lernen -
sie jagen. Nach sechs bis acht Monaten sind die -
Katzenkinder selbstständig und brauchen die 45
Mutter nicht mehr. -

1 Lest den Text und beantwortet Majas Fragen.

AB 1

1. Was fressen Katzen?
2. Wie lange lebt eine Katze?
3. Kann ich meine Katze dressieren?
4. Was macht die Katze den ganzen Tag?
5. Was macht die Katze, wenn sie draußen ist?
6. Was können Katzen besonders gut?
7. Was mögen Katzen gern?
8. Wie viele Katzenbabys bekommt eine Katze?
9. Wie lange trinken Katzenbabys Muttermilch?
10. Wie lange bleiben Katzenbabys bei der Mutter?
11. Wie können Katzen aussehen?
12. Wie kamen die Katzen nach Europa?

2 Spielt das Katzen-Quiz: Die Antworten findet ihr im Satzstern.

AB 2

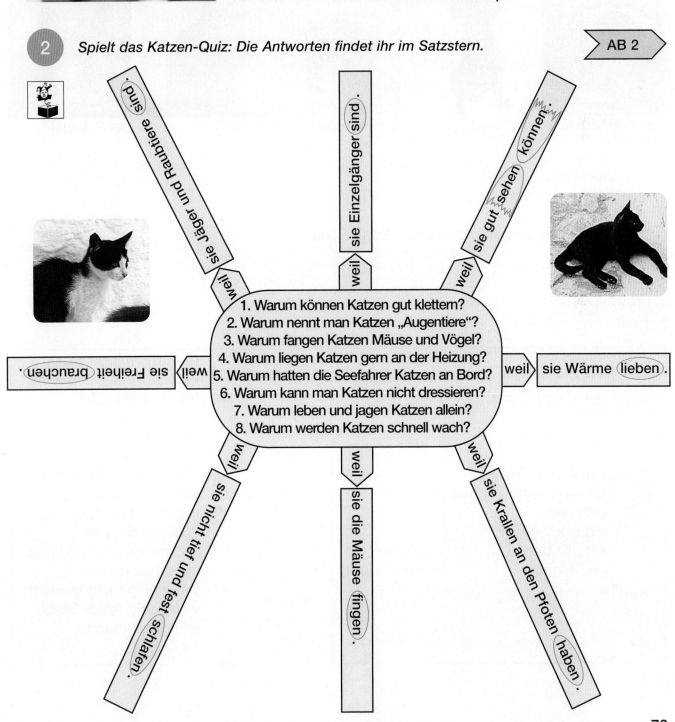

weil sie Jäger und Raubtiere sind.

weil sie Einzelgänger sind.

weil sie gut sehen können.

weil sie Freiheit brauchen.

weil sie Wärme lieben.

1. Warum können Katzen gut klettern?
2. Warum nennt man Katzen „Augentiere"?
3. Warum fangen Katzen Mäuse und Vögel?
4. Warum liegen Katzen gern an der Heizung?
5. Warum hatten die Seefahrer Katzen an Bord?
6. Warum kann man Katzen nicht dressieren?
7. Warum leben und jagen Katzen allein?
8. Warum werden Katzen schnell wach?

weil sie nicht tief und fest schlafen.

weil sie die Mäuse fingen.

weil sie Krallen an den Pfoten haben.

Viele Haustiere

die Schildkröte

das Pferd

der Goldfisch

das Kaninchen

der Wellensittich

das Meerschwein-
chen

der Hund

der Hamster

die Katze

der Papagei

3   *Welches Tier gefällt dir (nicht)? Erzähle bitte.*   AB 3

| Mir gefällt | eine Schildkröte
ein Pferd
ein Goldfisch
ein Kaninchen
ein Wellensittich
ein Meerschweinchen
ein Hund
ein Hamster
eine Katze
ein Papagei
... | am besten,
sehr (gut),
gut,

nicht (gut),
gar nicht (gut), | weil er/sie/es | gern mit mir spielt.
keinen/viel Lärm macht.
(nicht) viel kostet.
ein schönes Fell hat.
immer aufpasst.
so klein/groß ist.
viel/wenig Futter braucht.
sehr alt werden kann.
(nicht) schön aussieht.
so langweilig ist.
so sauber/schmutzig ist.
sprechen kann.
viel/wenig Platz braucht.
viel/wenig Arbeit macht.
allergisch macht.
... |

4 *Spielt „Weißt du, warum?" und antwortet mit weil-Sätzen.*

Weißt du, warum?

1. Warum kann die Schlange nicht laufen?
2. Warum hat der Elefant keine Nase?
3. Warum ist das Nashorn kein Haustier?
4. Warum braucht das Krokodil eine Badewanne?
5. Warum ist der Flamingo rosa?
6. Warum sprechen Katzen nicht?
7. Warum haben Kängurus keinen Kinderwagen?
8. Warum fressen Pferde Pflanzen?
9. Warum braucht die Schnecke kein Haus?
10. Warum fährt der Affe Fahrrad?
11. Warum kann der Papagei nicht lesen?
12. Warum singt der Adler nicht?
13. Warum heißt der Eisbär so?
14. Warum jagt die Maus die Katze nicht?
15. Warum wird die Schildkröte so alt?
16. Warum legt das Huhn Eier?
17. Warum ist das Zebra immer gestreift?
18. Warum braucht der Bär keinen Mantel?
19. Warum schwimmt der Fisch im Wasser?
20. Warum sind Schweine schmutzig?
21. Warum hat das Kamel zwei Höcker auf dem Rücken?

?	Sie tragen ihre Babys in der Bauchtasche.	?	Sie mögen kein Fleisch.	?	Sie trägt es auf dem Rücken.
?	Sie mag kein Katzen-fleisch.	?	Er nimmt sein Fell immer mit.	?	Es mag keine Punkte.
?	Er isst gern Eis.	?	Er mag die Farbe Blau nicht.	?	Sie miauen lieber.
?	Er hat einen Rüssel.	?	Er geht nicht in die Schule.	?	Er hat kein Auto.
?	Es schwimmt gern.	?	Es geht nicht durch die Haustür.	1	Sie hat keine Beine.
?	Sie feiert gern Geburtstag.	?	Er kennt keine Lieder.	?	Sie machen nicht gern sauber.
?	Der Hahn kann keine Eier legen.	?	Er kann im Wasser nicht laufen.	?	Es nimmt seinen Sessel immer mit.

5 *Ordne die Sätze den Bildern zu.*

Der Haushund

A ?

die Pflege

B ? ? ?

die Ernährung

C ? ?

die Erziehung

D ? ? ?

das Verhalten

1. Der Hund frisst Fleisch und Gemüse oder er bekommt Trockenfutter.
2. Man muss Hunde schon erziehen, wenn sie noch klein sind.
3. Du kannst mit einem Hund spielen, aber du darfst ihn nicht ärgern.
4. Man muss das Hundefell regelmäßig pflegen, bürsten und kämmen.
5. Der Hund darf keine Essensreste fressen, denn er verträgt kein Salz und kein Fett.
6. Wenn dir ein Hund Angst macht, dann musst du stehen bleiben und darfst nicht weglaufen.
7. Wenn der Hund etwas richtig macht, dann soll man ihn loben.
8. Der Hund braucht viel frisches Wasser. Deshalb muss sein Trinknapf immer voll sein.
9. Du darfst beim Fressen zuschauen, aber du darfst einem Hund das Futter nicht wegnehmen.

6a *Lies, was Daniel erzählt.*

Als ich heute Morgen zur Schule gegangen bin, habe ich einen Hund an der Bushaltestelle gesehen. Er war mit einer Leine festgebunden. Er hat vor Kälte gezittert und richtig geweint.
„Sein Herrchen kommt bestimmt gleich zurück", habe ich gedacht und bin in den Bus eingestiegen. Als ich dann aus der Schule zurückgekommen bin, war der Hund immer noch da. Der arme Hund! Bei der Kälte! Ohne Futter! Sein Herrchen hat ihn immer noch nicht abgeholt! Ich habe nicht gewusst, was ich machen sollte. Ich konnte doch den Hund nicht mitnehmen! Ich mag Hunde sehr gern. Ich liebe überhaupt alle Tiere. Aber ich kann den Hund nicht mit nach Hause nehmen. Meine kleine Schwester ist nämlich gegen Tierhaare allergisch. Wir haben deshalb schon unsere Katze und meinen Hund Lux weggegeben. Dann habe ich den Hund gestreichelt. Er war sehr zutraulich und hat sich gefreut. Da habe ich ihm den Rest von meinem Pausenbrot gegeben und er ist vor Freude an mir hochgesprungen. Sein Herrchen hat ihn bestimmt vergessen. Da habe ich dem Hund einen Namen gegeben. „Komm, Bingo", hab ich gesagt, „ich bring dich jetzt ins Tierheim."

b *Ordne zu und verbinde die Sätze mit „denn".*

AB 7, 8

1. Daniel Walter fand Bingo morgens an einer Bushaltestelle,
   denn ⟨er⟩ ⟨fuhr⟩ mit dem Bus zur Schule.
2. Der Hund weinte und zitterte, denn ...
3. Der Hundehalter holte den Hund nicht ab, denn ...
4. Daniel W. streichelte den Hund, denn ...
5. Daniel W. fütterte den Hund, denn ...
6. Daniel W. brachte den Hund ins Tierheim, denn ...

a) Der Hund war mittags immer noch da.
b) Er war sehr zutraulich.
c) Er konnte den Hund nicht mit nach Hause nehmen.
d) Es war sehr kalt.
e) Er war hungrig.
f) Er fuhr mit dem Bus zur Schule.

1	2	3	4	5	6
f	?	?	?	?	?

7 *Hör zu. Was ist richtig? Was ist falsch?*

Tierheim „Hoffnung"

Tierart: <u>Hund</u>   Name: <u>Bingo</u>   Alter: <u>7 Jahre</u>

gefunden am: <u>11. November</u>

Im Tierheim ... R F

1. ... sind Tiere, die man ausgesetzt hat. ? ?
2. ... leben 56 Hunde. ? ?
3. ... sind Hunde, die keine Probleme mit Menschen haben. ? ?
4. ... lernen Hunde richtiges Verhalten. ? ?
5. ... müssen Hunde nie an der Leine laufen. ? ?
6. ... kann man einen Hund finden und mitnehmen. ? ?
7. ... sucht man nur alte Leute für die Hunde aus. ? ?
8. ... können Kinder mithelfen. ? ?

Satzmodelle

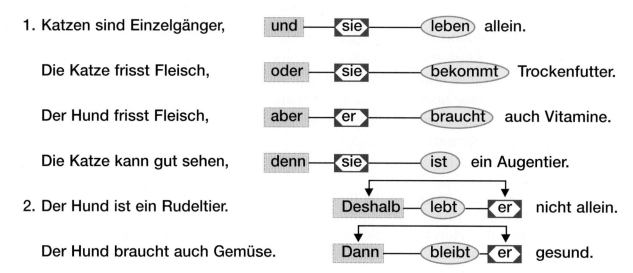

1. Katzen sind Einzelgänger, **und** — ‹sie› — (leben) allein.

Die Katze frisst Fleisch, **oder** — ‹sie› — ⟨bekommt⟩ Trockenfutter.

Der Hund frisst Fleisch, **aber** — ‹er› — (braucht) auch Vitamine.

Die Katze kann gut sehen, **denn** — ‹sie› — (ist) ein Augentier.

2. Der Hund ist ein Rudeltier. **Deshalb** — (lebt) — ‹er› nicht allein.

Der Hund braucht auch Gemüse. **Dann** — (bleibt) — ‹er› gesund.

---

8 *Verbinde die Sätze und schreib sie in dein Heft.*

1. Das Pferd kann gut springen, ? es ist ein Lauftier.
2. Pinguine leben im Meer, ? sie können gut tauchen.
3. Katzenkinder bleiben 6 bis 8 Monate bei der Mutter. ? sind sie selbstständig.
4. Die Katze lebt bei den Menschen, ? sie braucht ihre Freiheit.
5. Katzen jagen Mäuse, ? sie fressen Trockenfutter.
6. Kühe fressen im Sommer Gras. ? geben sie gute Milch.

---

9 *Sucht einen Partner. Macht Dialoge.*

Das habe ich gelernt:

Warum willst du einen Hund?	Weil er ein guter Freund ist.
Warum seid ihr im Tierheim gewesen?	Weil wir unseren Hund abgeholt haben.
Habt ihr einen Hund als Haustier?	Ja, aber er gehört meiner Oma.
	Nein, aber wir haben eine Katze.
Bist du gestern im Zoo gewesen?	Ja, aber ich war nur bei den Elefanten.
	Nein, aber ich war im Zirkus.
Magst du Tiere gern?	Ja, deshalb habe ich eine Schildkröte.
	Nein, deshalb haben wir kein Haustier.

Die Schlaumeier suchen Meier

So kann man wohnen

1. Die Mühle

Familie Mernitz wohnt in einer Mühle. Es ist eine alte Windmühle. Die Mühle ist 150 Jahre alt. Früher hat man hier aus Getreide Mehl gemacht. Familie Mernitz hat die Mühle umgebaut. Jetzt gibt es in der Mühle ein Wohnzimmer, ein Schlafzimmer, eine Küche und ein Badezimmer. Das Kinderzimmer ist ganz oben unter dem Mühlendach. Ein Balkon geht um die Mühle herum. Die Mühle hat vier Stockwerke, aber keinen Fahrstuhl. Man muss ständig Treppen steigen.

2. Das Hausboot

In Europa gibt es viele Flüsse und Wasserstraßen. Auf den Wasserstraßen fahren Schiffe und transportieren Waren. Familie Bogner wohnt, isst, arbeitet und schläft auf ihrem Hausboot. Sie sind immer auf dem Wasser unterwegs. Viele Leute leben in Hausbooten und bleiben trotzdem fest an einem Platz. Sie haben ihr Hausboot am Ufer festgemacht.

3. Das Einfamilienhaus

In einem Einfamilienhaus lebt meistens nur eine Familie. Das Einfamilienhaus hat ein bis drei Stockwerke. Der Bungalow hat nur ein Erdgeschoss und sein Dach ist flach. Einfamilienhäuser liegen fast immer in Vororten von Städten oder in Kleinstädten und haben einen Garten.

4. Das Mehrfamilienhaus

In einem Mehrfamilienhaus leben mehrere Familien in ihren Wohnungen. Die Hausbewohner haben die Wohnungen gemietet oder gekauft.
Das Mehrfamilienhaus hat mehrere Stockwerke und oft auch einen Fahrstuhl.

5. Das Hochhaus

Wenn ein Haus mehr als sieben Stockwerke hat, nennt man es Hochhaus. Hochhäuser liegen oft im Zentrum von Großstädten. Weil es in Großstädten wenig Platz gibt, baut man dort Häuser mit sehr vielen Stockwerken. Deshalb haben Hochhäuser immer einen Fahrstuhl.

6. Das Alpenbauernhaus

Die Bauernhäuser in den Alpen sind groß, denn Wohnung und Stall sind unter einem Dach. Die Dächer sind aus Holz, sie sind spitz und gehen weit über die Wände hinaus. Sie schützen das Haus gegen Schnee, Regen, Sturm und Wind.
Ein Balkon geht um das Haus herum. Wenn hoher Schnee liegt, kann man über den Balkon ins Haus kommen.

1a *Lies die Texte. Welches Haus soll das sein? Erzähle bitte.*   ⟩AB 1–3⟩

die Mühle • das Hausboot
das Einfamilienhaus
der Bungalow
das Mehrfamilienhaus
das Hochhaus • das Alpenbauernhaus

1. In der ? kann man wohnen.
2. Das ? hat nicht so viele Stockwerke.
3. In der ? wohnen die Kinder unter dem Dach.
4. Im ? fährt man im Fahrstuhl zur Wohnung.
5. In der ? muss man viele Treppen steigen.
6. Das ? hat Platz für viele Menschen.
7. Der ? hat nur ein Erdgeschoss.
8. Das ? hat einen Garten.
9. Im ? kann man Wohnungen mieten.

10. Das ? liegt in den Bergen.
11. Das ? liegt im Zentrum einer Großstadt.
12. Im ? ist auch der Stall.
13. Mit dem ? kann man fahren.
14. Das ? liegt oft in Vororten.
15. Im ? wohnt man auf dem Wasser.
16. Im ? und in der ? geht ein Balkon um das Haus herum.

b *Wie findest du das? Erzähle bitte.*   ⟩AB 4⟩

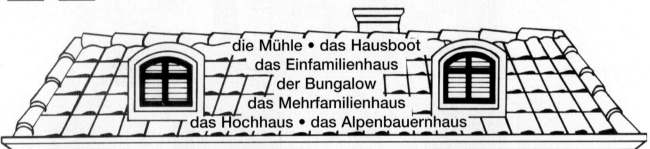

| Ich finde es | gut/prima/toll, nicht gut/blöd, lustig, interessant, gemütlich, bequem, | dass man in der Mühle wohnen kann . |

2a *Hempels Bungalow: Wie kommst du wohin? Fragt euch gegenseitig.*

> Du bist im Esszimmer.
> Wie kommst du ins Babyzimmer?

> Ich gehe durch die Küche, durch den Flur, durch das Badezimmer und dann durch das Kinderzimmer ins Babyzimmer.

Bungalow und Möbel von Familie Hempel

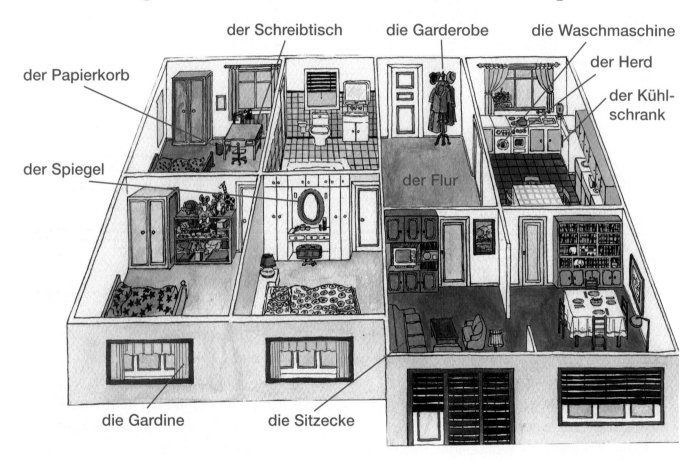

der Schreibtisch · die Garderobe · die Waschmaschine · der Papierkorb · der Herd · der Kühlschrank · der Spiegel · der Flur · die Gardine · die Sitzecke

b *Was ist wo? Löst die Rätsel wie in den Beispielen.* ▷ AB 5

- ● Dieser Tisch ist ein Schreibtisch.
  Neben diesem Tisch ist ein Schrank.
- ○ Diesen Tisch gibt es im Kinderzimmer.

- ● Dieses Bett ist für zwei Personen.
  Neben diesem Bett ist eine Lampe.
- ○ Dieses Bett gibt es im Schlafzimmer.

- ● Diese Maschine ist zum Waschen.
  Neben dieser Maschine ist der Herd.
- ○ Diese Maschine gibt es in der Küche.

1. der Spiegel: weiß, neben, das Fenster
2. das Regal: für Spielzeug, neben, die Tür
3. die Gardine: gelb, neben, die Blume
4. die Garderobe: braun, neben, die Tür
5. die Lampe: rotbraun, hinter, der Sessel
6. der Stuhl: gelb, vor, der Tisch
7. das Bild: bunt, neben, die Tür
8. die Sitzecke: braun, neben, die Lampe
9. der Papierkorb: rot, neben, der Schreibtisch

3 *Hör zu. Wer sagt was über sein Zimmer?*

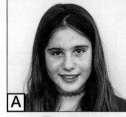			
A Franca	B Michael	C David	D Daphne

1. [?] sagt, dass der Computer am meisten Platz braucht.
2. [?] sagt, dass die Sitzecke am gemütlichsten ist.
3. [?] erzählt, dass Tiere mit im Zimmer leben.
4. [?] findet, dass das Zimmer sehr groß ist.
5. [?] sagt, dass er nicht allein im Zimmer wohnt.
6. [?] sagt, dass sein Bett auch ein Sofa ist.
7. [?] und [?] sagen, dass Poster an den Wänden hängen.
8. [?] findet es manchmal blöd, dass sie kein Zimmer für sich hat.

4 *Was meinst du dazu?* AB 6 ⟩

Tempo

Aufräumen – sag deine Meinung!

1. Aufräumen ist nicht nötig.
   Das Zimmer wird sowieso wieder unordentlich.
2. Aufräumen ist wichtig.
   Ordnung im Zimmer spart Zeit.
3. Aufräumen macht keinen Spaß.
   Lesen oder Fernsehen macht mehr Spaß.
4. Aufräumen kostet Zeit und Nerven. Aber dann
   sieht das Zimmer ordentlich und toll aus.
5. Beim Aufräumen findet man Sachen wieder.
6. Man muss sein Zimmer für Gäste aufräumen.
   Sie bekommen sonst einen Schock.
7. Ohne Ordnung findet man nichts mehr wieder.
8. Man muss ordentlich sein.
9. Ordnung kann man lernen.
10. Man muss regelmäßig aufräumen. Man fühlt sich dann im Zimmer wohl.

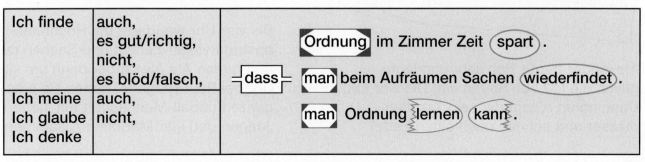

Ich finde	auch, es gut/richtig, nicht, es blöd/falsch,	Ordnung im Zimmer Zeit spart.
		dass man beim Aufräumen Sachen wiederfindet.
Ich meine Ich glaube Ich denke	auch, nicht,	man Ordnung lernen kann.

Die Hochhauspost

Im Juli zog Familie Weber von Köln nach Hannover. Sie wohnen jetzt in einem Hochhaus mit 11 Stockwerken und haben eine 4-Zimmer-Wohnung im elften Stock. Am Anfang war Familie Weber ganz fremd in Hannover und sie kannten niemanden.

Es waren noch Ferien und Alexander Weber hatte auch drei Wochen später noch keinen Freund in dem neuen Haus gefunden. Nur im Fahrstuhl sah er manchmal Kinder, aber sie sprachen nicht miteinander.

Da hatte er eine Idee. Er nahm ein langes Band. Dann schrieb er einen Zettel:

Ich heiße Alexander Weber. Ich wohne im 11. Stock. Wer will diese CD ausleihen? Schreib bitte Namen und Stockwerk auf den Zettel.

Hallo Stefan, willst du mein Taschenmesser ausprobieren? Ich hole dich um vier zum Fußball-spielen ab.

Dann machte er den Zettel und die CD an dem Band fest. Er öffnete das Fenster und ließ das Band mit dem Zettel und der CD langsam nach unten. Er setzte sich ans Fenster und wartete mit dem Band in der Hand. Er wartete eine Viertelstunde. Dann zog plötzlich jemand an dem Band. Nach einigen Minuten zog Alexander das Band wieder nach oben. An dem Band hingen ein Zettel und eine CD.

Er machte wieder alles am Band fest und ließ das Band nach unten. Nach kurzer Zeit zog wieder jemand am Band. Alexander wartete eine Weile. Dann zog er das Band nach oben. Am Band war jetzt ein Zettel mit einer Taschenlampe.

Stefan Müller, 10. Stock. Deine CD ist toll. Ich höre sie gerade. Ich leih dir meine Lieblings-CD.

Hallo, ich bin Paul Grune aus dem 9. Stock. Dein Taschenmesser ist toll! Du kannst mich abholen. Stefan kommt auch mit.

Alexander freute sich sehr und legte gleich die CD von Stefan ein. Die war toll! Dann nahm Alexander sein Taschen-messer und schrieb noch einen Zettel.

Bis vier Uhr wanderte die Hochhaus-post mit vielen Zetteln und Sachen rauf und runter. Als Alexander dann um vier Uhr bei Paul klingelte, hatten sie eine ganze Fußball-Mannschaft mit sieben Jungen und vier Mädchen zusammen.

5 *Lies den Text. Wer erzählt was?*

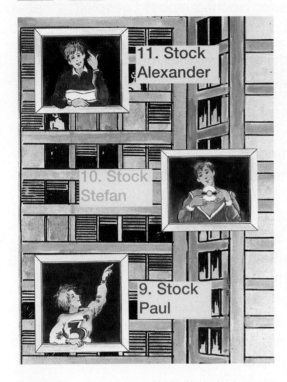

AB 7

> Alexander erzählt, dass er von Köln nach Hannover gezogen ist.

1. von Köln nach Hannover ziehen
2. die CD gleich hören
3. das Taschenmesser ausprobieren
4. zusammen Fußball spielen
5. einen Zettel und eine CD zurückschicken
6. keine Kinder kennen
7. ein Band mit einer CD am Fenster sehen
8. ein Band mit Zettel und Taschenmesser am Fenster sehen
9. eine Idee haben
10. einen Zettel und eine CD nach unten lassen

6a *Hochhausrätsel: Wer wohnt wo?*

Stock	
5. Stock	?
4. Stock	?
3. Stock	?
2. Stock	?
1. Stock	?
Erdgeschoss	?

Stock	
11. Stock	Familie Weber
10. Stock	Familie Müller
9. Stock	Familie Grune
8. Stock	?
7. Stock	?
6. Stock	Familie Krüger

1. Über Familie Krüger wohnt Frau Kieß.
2. Zwei Stockwerke unter Frau Kieß wohnt Familie Pappas.
3. Drei Stockwerke über Familie Pappas wohnt Frau Nolte.
4. Im zweiten Stock wohnt Familie Kunz.

5. Ein Stockwerk über Familie Kunz wohnt Herr Keicher.
6. Zwei Stockwerke unter Herrn Keicher wohnt Familie Erdogan.
7. Im Erdgeschoss wohnt Familie Dotti.
8. Unter Familie Pappas wohnt Familie Schimanski.

b *Macht selbst Hochhausrätsel.*

Satzmodelle

1. Er sagt/erzählt/berichtet , dass er jetzt in Hannover (wohnt) .

2. Er sagt/erzählt/berichtet , dass die Kinder Hochhauspost (gespielt) (haben) .

3. Er sagt/erzählt/berichtet , dass die Familie bald wieder (umziehen) (muss) .

7a *Ordne den Sätzen die Satzmodell-Nummer zu.*

? Alexander ist froh, dass er Freunde gefunden hat.

? Paul ist müde, weil er den ganzen Nachmittag gespielt hat.

? Stefan sagt, dass er mitkommt.

? Frau Weber meint, dass Hannover schön ist.

? Die Kinder finden, dass Fußballspielen Spaß macht.

? Aufräumen ist wichtig, wenn man seine Sachen wiederfinden will.

? Ordnung muss sein, wenn man sich wohl fühlen will.

? Alexander fand es toll, dass Paul antwortete.

? Alexander fand es nicht gut, dass er immer allein war.

? Familie Weber ist nach Hannover gezogen, weil Herr Weber jetzt dort arbeitet.

? Alexander lebte in Köln, als er noch klein war.

? Alexander hatte keine Freunde, als er nach Hannover zog.

b *Hör zu und übe dann. Wie werden die Sätze betont?*

Alexander ist froh, dass er Freunde gefunden hat. ↓

8 *Sucht einen Partner. Macht Dialoge.*

Das habe ich gelernt:

Warum seid ihr nach Wien gezogen?	Weil mein Vater jetzt dort arbeitet.
Wann seid ihr umgezogen?	In den Sommerferien.
Wo wohnt ihr jetzt?	In einem Vorort von Wien./Im Zentrum von Wien./In der Viktorgasse.
Wie habt ihr diese Wohnung gefunden?	Über die Zeitung./Durch Freunde./ Ohne Probleme.
Welche Wohnung habt ihr gemietet?	Eine 3-Zimmer-Wohnung.
In welchem Stockwerk wohnst du?	Im fünften Stock.
Wie findest du diese Wohnung?	Gemütlich, bequem, hell, dunkel, praktisch.
Wohin hast du die Garderobe gestellt?	In den Flur.
Wohin hast du das Bild gehängt?	An die Wand neben dem Fenster.
Wohin hast du den Teppich gelegt?	Ins Wohnzimmer.
Wie kommt man auf den Balkon?	Durch das Wohnzimmer.

Die Schlaumeier bauen ein Baumhaus

Dieser Eimer ist   für   diesen Baum
                    mit   diesem Fahrstuhl.
Dieses Seil ist   für   dieses Haus
                    aus   diesem Holz.
Diese Treppe ist   für   diese Wand
                    mit   dieser Tür.
Diese Möbel sind für   diese Zimmer
                    mit   diesen Fenstern.

Was erzählt der denn da?
So'n Quatsch!
Das schaffen wir auch ohne ihn.
Das können wir auch   ohne den Lehrer.
Das schaffen wir   ohne diesen Quatsch!

Ohne mich!

Warum seid ihr gegen meinen Plan,
             gegen diese Idee?
Ihr seid immer gegen mich!
Dann baut doch das Baumhaus
ohne mich!

Das soll ein Baumhaus sein?
Geht das Haus um den Baum,
oder der Baum um das Haus?
Oder geht es   um die Ecke?
Und wie kommt man da rein?

Ganz einfach!
Wir kommen durch den Eingang,
         oder durch das Fenster,
und Meier durch die Tür.

Ein Superbaumhaus,
um   den Baum,
durch den Eingang,
gegen den Plan,
für   den Meier!

das Blumen-
geschäft

der Sportplatz

die Post

der Bäcker

das Kino

der Park

der Tierarzt

das Kranken-
haus

das Reisebüro

die Schule

der Zahnarzt

das Restaurant

der Supermarkt

der Fleischer

die Apotheke

der Friseur

der Bahnhof

das Kaufhaus

1a *Wo gibt es was? Fragt euch gegenseitig.* ▷ AB 1

● Wo gibt es Getränke?
○ Im Supermarkt.

1. Getränke
2. Blumen
3. Zeitungen
4. Filme
5. Fahrkarten
6. Essen
7. Brot
8. Fleisch
9. Briefmarken

10. Obst
11. Medizin
12. Haarspray
13. Wartezimmer
14. Lehrer
15. Fußballspiele
16. Bäume
17. Ärzte
18. Reisekataloge

Wo?	Wohin?	
beim	zum	Tierarzt, Friseur, Bäcker, Fleischer, Zahnarzt
bei der	zur	Apotheke, Post
im/am	zum	Bahnhof
im	in den	Park, Supermarkt
im	ins	Kaufhaus, Krankenhaus, Blumengeschäft, Kino, Restaurant, Reisebüro
in der	in die	Schule
auf dem	auf den	Sportplatz, Parkplatz

---

b *Wohin gehst du? Fragt euch gegenseitig.* ▷ AB 2

● Du sollst Brot holen. Wohin gehst du?
○ Zum Bäcker.

1. Du sollst Brot holen.
2. Du willst zum Muttertag Blumen kaufen.
3. Du willst ein Fußballspiel sehen.
4. Du willst einen Brief abschicken.
5. Du willst einen Film sehen.
6. Du willst für eine Party einkaufen.
7. Du willst Enten füttern.
8. Oma ist krank. Du willst sie besuchen.
9. Du willst Pizza essen gehen.

10. Du hast Zahnschmerzen.
11. Deine Katze ist krank.
12. Deine Haare sind zu lang.
13. Du sollst Wurst mitbringen.
14. Du brauchst Medizin.
15. Du sollst Fahrkarten abholen.
16. Du hast am Abend ein Schulfest.
17. Deine Tante kommt mit dem Zug.
18. Du brauchst ein T-Shirt.

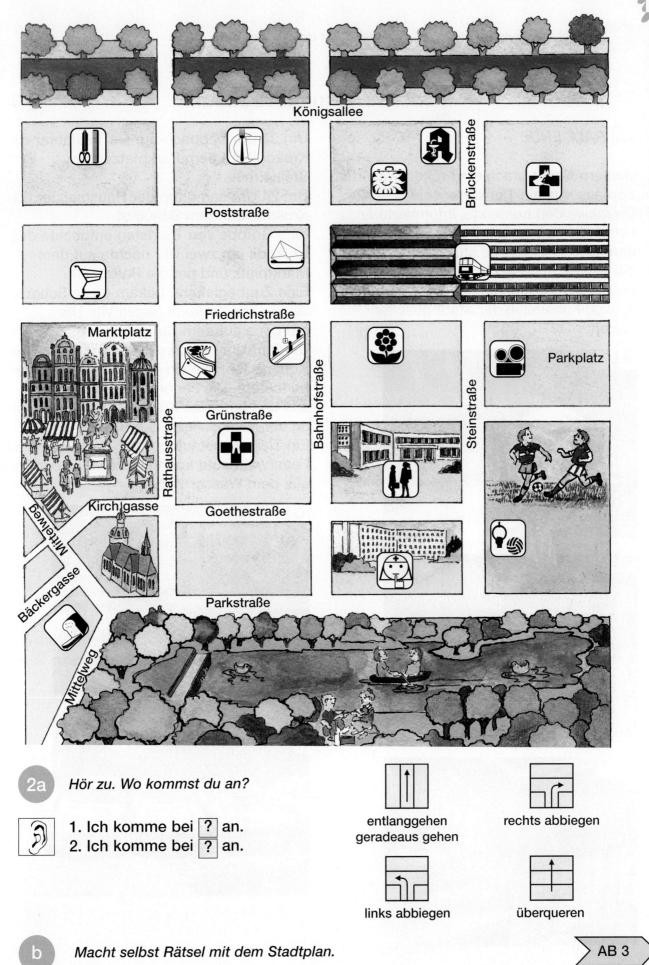

Königsallee

Brückenstraße

Poststraße

Friedrichstraße

Marktplatz

Rathausstraße

Grünstraße

Bahnhofstraße

Steinstraße

Parkplatz

Kirchgasse

Mittelweg

Goethestraße

Bäckergasse

Parkstraße

Mittelweg

2a *Hör zu. Wo kommst du an?*

1. Ich komme bei ? an.
2. Ich komme bei ? an.

entlanggehen
geradeaus gehen

rechts abbiegen

links abbiegen

überqueren

b *Macht selbst Rätsel mit dem Stadtplan.*

AB 3

Lest die Zeitungsmeldung. Sortiert dann die Bilder.

Feuerwehr sucht Krokodil

von RALF ENDE

Gestern Nacht brach ein Krokodil aus dem Zoo aus. Als ein Tierwärter sein Verschwinden bemerkte, informierte er sofort die Feuerwehr. Die Suche nach dem Krokodil dauerte stundenlang. Bei der Polizei und bei der Feuerwehr gab es pausenlos Anrufe von Leuten, weil sie das Krokodil überall in der Stadt gesehen hatten.

Um 23 Uhr beobachtete ein Taxifahrer das Krokodil auf dem Parkplatz in der Steinstraße.
Um 24 Uhr sah dann der Hausmeister das Krokodil auf dem Schulhof.
Eine Gruppe von Touristen entdeckte das Krokodil um zwei Uhr nachts auf dem Marktplatz und rief die Polizei an.
Eine Zugbegleiterin bekam einen Schock, als sie das Krokodil gegen vier Uhr morgens auf dem Bahnsteig traf.
Um fünf Uhr morgens war es dann auf der Königsallee, wie ein Busfahrer der Polizei berichtete. Die Feuerwehr rückte sofort aus und fand das Krokodil im Königsbach an der Königsallee Ecke Brückenstraße.
Ein Tierarzt betäubte das Krokodil und die Feuerwehrleute konnten es mit einem Netz aus dem Wasser ziehen.

 b *Beschreibt den Weg des Krokodils mit dem Stadtplan von Seite 89.*

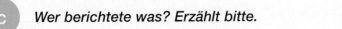

c *Wer berichtete was? Erzählt bitte.*

AB 4

1. Der Taxifahrer berichtete, dass ...
2. Der Hausmeister ...
3. Die Touristen ...
4. Die Zugbegleiterin ...
5. Der Busfahrer ...
6. Die Feuerwehrleute ...

Der Tierwärter berichtete, dass ein Krokodil ausgebrochen ist.

4a *Bei der Polizei: Spielt den Dialog.*

Rudi, woher hast du Nummer 1?

Aus der Schule, Herr Inspektor.

Woher?

vom	vom (aus dem)	von der	von der (aus der)
Friseur, Bäcker, Fleischer, Tierarzt, Zahnarzt, Parkplatz, Sportplatz	Blumengeschäft, Kino, Krankenhaus, Restaurant, Kaufhaus, Supermarkt, Schuhgeschäft	Post, Straße	Apotheke, Schule

b *Hör zu. Sortiere dann die Sätze und überlege:*
Hat Rudi das Fahrrad gestohlen?

AB 5, 6

?	Der Film hat Rudi gut gefallen.	?	Rudi war essen.
1	Rudi war bei Fräulein Rita.	?	Rudi ist einkaufen gegangen.
?	Seine Frau war wütend.	?	Rudi war um halb elf zu Hause.
?	Rudi hat Frau Schneider getroffen.	?	Er hat eine Kinokarte gekauft.

5 *Sucht einen Partner. Spielt den Dialog und macht dann neue Dialoge.*

AB 7

Auskunft geben

Wie komme ich zum Rathaus?

Wir sind hier am Bahnhof. Sie gehen ...

6 *Fragt euch gegenseitig.*

● Wie fährt die Linie 1?
○ Die Linie 1 fährt von der Post zum Stadtpark und zurück.
● Wie komme ich von der Post zum Theater?
○ Du fährst mit der Linie 1. Nach drei Stationen steigst du um in die Linie 2. Nach drei Stationen bist du dann am Theater.

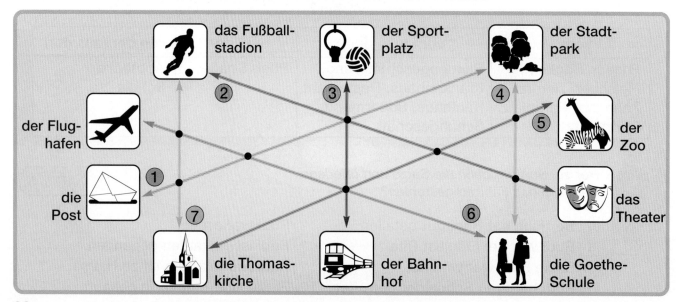

7 *Sucht einen Partner. Der Erste liest den Satzanfang vor, der Zweite setzt den Satz richtig fort.*

AB 8

Verkehrsregeln

1. Wenn man die Straße überqueren will, dann ...
2. Wenn man an der Ampel die Straße überqueren will, dann ...
3. Wenn es keinen Gehweg gibt, dann ...
4. Wenn man mit dem Fahrrad fährt, dann ...
5. Wenn man abends mit dem Fahrrad fährt, dann ...
6. Wenn man mit dem Fahrrad abbiegt, dann ...
7. Wenn man aus dem Bus ausgestiegen ist, dann ...
8. Wenn der Ball auf die Straße rollt, dann ...

a) Man soll nicht sofort hinter dem Ball herlaufen.
b) Man darf nicht bei Rot über die Straße gehen.
c) Man darf nicht auf dem Gehweg fahren.
d) Man soll nicht vor dem Bus über die Straße gehen.
e) Man muss nach rechts und nach links schauen.
f) Man muss das Licht anmachen.
g) Man muss nach rechts oder nach links zeigen.
h) Man soll links gehen.

1	2	3	4	5	6	7	8
?	?	?	?	?	?	?	?

8 *Höre die Wörter. Wo hörst du das „h" und wo nicht?*

	h	~~h~~			h	~~h~~
1. Haus	x	-	9. erzählen		?	?
2. wohnen	-	x	10. Hafen		?	?
3. fahren	?	?	11. Bauernhof		?	?
4. Herr	?	?	12. froh		?	?
5. mehr	?	?	13. hören		?	?
6. Hand	?	?	14. Thema		?	?
7. Kuh	?	?	15. Möhre		?	?
8. frühstücken	?	?	16. festhalten		?	?

9 *Sucht einen Partner. Macht Dialoge.*

> AB 9 >

Das habe ich gelernt:

Bei wem warst du?	Beim Zahnarzt./Bei der Tierärztin./Bei Herrn Neu./ Bei den Großeltern.
Zu wem gehst du?	Zum Zahnarzt./Zur Tierärztin./Zu Herrn Neu./ Zu den Großeltern.
Wo arbeitet dein Vater?	Im Krankenhaus./In der Schule./Beim Bäcker./ Bei Herrn Neu./Bei der Post./Auf dem Sportplatz./ Zu Hause.
Woher kommst du?	Vom/Aus dem Kaufhaus./Von der/Aus der Schule./ Vom Bäcker./Von Herrn Neu./Vom Sportplatz./ Von zu Hause.
Wohin gehst du?	In den Park./Ins Geschäft./In die Schule./Zum Arzt./ Zu Herrn Neu./Zur Apotheke./Auf den Sportplatz./ Nach Hause.
Wie kommen wir zum Bahnhof?	Ihr geht geradeaus. Dann biegt ihr links ab und überquert den Marktplatz. Dann geht ihr die Bahnhofstraße entlang. Und da ist der Bahnhof.
Wie fährt die Linie 83?	Sie fährt von der Post über den Rathausplatz zum Hafen.
Wie fahre ich vom Hafen zum Zoo?	Sie nehmen die Linie 3 und steigen am Kirchplatz um. Dann nehmen Sie die Linie 5 und fahren zum Zoo.

Die Schlaumeier in Berlin

Wo sind wir denn hier?

Ich glaube, wir sind **in** Berlin. Wir sind jedenfalls nicht **zu Hause**.

Wir sind **in** Berlin, **im** Zentrum, **in** der Mitte von Berlin.

Wir sind nicht **beim** Bundeskanzler, nicht **bei** der Bürgermeisterin, Wir sind **bei** Herrn Schlau und **bei den** Berlinern.

Wir sind **am** Brandenburger Tor, nicht **an** der Mauer, **auf** dem Pariser Platz, **auf** der Straße „Unter den Linden".

Wir wollen **zum** Zoo, nicht **zum** Museum, nicht **zur** Oper, aber **zu den** Tieren in **den** Zoo. Wir wollen **auf** den Alexanderplatz und **auf** die Friedrichstraße **zum** Einkaufen!

Ich will noch **zum** Bundeskanzler, jedenfalls nicht **nach Hause**!

Und **wohin** wollt ihr nun?

Wir kommen nicht **vom** Bundeskanzler, wir kommen **vom** Zoo, ja, **aus** dem Zoo, nicht **von** der Oper, schon gar nicht **aus** der Oper, nicht **von** den Museen, aber **aus** den Geschäften und nicht **von** zu Hause.

Woher kommt ihr denn?

Und hier unser Souvenir **aus** Berlin!

Sport-Quiz

eine Taucherbrille

eine Badehose

ein Ski-Anzug

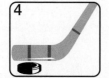
ein Hockeyschläger

ein Rennrad

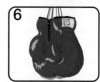
Boxhandschuhe

eine Schwimmbrille

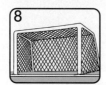
ein Fußballtor

ein Tennisball

ein Tennisschläger

Schwimmflossen

ein Reitpferd

Sportschuhe

ein Segelschiff

ein Surfbrett

Schlittschuhe

ein Badeanzug

ein Fußball

baden • boxen • Fußball spielen • Hockey spielen • Radrennen fahren • reiten
Schlittschuh laufen • schwimmen • segeln • Ski laufen • Sport treiben • surfen
tauchen • Tennis spielen

1 *Fragt euch gegenseitig.*

AB 1

> Was für ein Anzug ist zum Baden?
> Was für einen Anzug brauchst du zum Baden?

> Was für Schuhe sind zum Sporttreiben?
> Was für Schuhe brauchst du zum Sporttreiben?

ein Ball → ein Rad → Was für ein ... ist ...?	einen Ball → Was für einen ... brauchst du ...?
eine Hose → Was für eine ... ist ...?	ein Rad → Was für ein ... brauchst du ...?
Schuhe → Was für ... sind ...?	eine Hose → Was für eine ... brauchst du ...?
	Schuhe → Was für ... brauchst du ...?

2 *Hör zu. Wer sagt was zum Thema Sport?*

AB 2

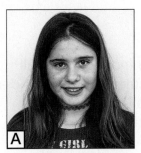
A
Franca

C
David

Wie wichtig ist Sport für dich?

1. [?] schwimmt manchmal, aber Sport macht [?] nur in der Schule.
2. [?] spielt Hockey nicht nur im Hockey-Klub, sondern fährt auch zu Turnieren.
3. [?] spielt in der Schule nicht Fußball, sondern andere Ballspiele.
4. [?] trainiert zweimal in der Woche, aber [?] braucht auch Zeit für das Haustier.
5. [?] reitet nicht nur, sondern treibt auch gern Wassersport.
6. [?] ist kein Sport-Fan, sondern ein Computer-Fan.
7. [?] schwimmt nicht so oft, sondern [?] ist meistens im Pferdestall.
8. [?] spielt Fußball, aber nur in der Freizeit.

B
Michael

D
Daphne

3 *Thema Sport: Ordnet zu und erzählt bitte.*

AB 3

1. Sport ist wichtig für die Gesundheit,		a) Sport hält gesund.
2. Man soll nicht nur Sport treiben,		b) auch fit.
3. Sport ist keine Mode,		c) Sport muss auch Spaß machen.
4. Fußball spielt man nicht allein,	aber	d) auch in der Halle.
5. Schwimmen und Tauchen sind Wassersportarten,	sondern	e) auch Skistiefel.
		f) auch andere Hobbys haben.
6. Durch Sport bleibt man gesund,		g) mit einer Mannschaft.
7. Tennis spielt man nicht nur auf dem Platz,		h) auch das Segeln.
8. Zum Skilaufen braucht man Skier,		

1	2	3	4	5	6	7	8
?	?	?	?	?	?	?	?

4a *Lies den Text.*

Fußballstars von morgen

Fußballprofi ist der Traumberuf von vielen Kindern und Jugendlichen. Zweimal im Jahr veranstaltet der FC Bayern München ein Probetraining für junge Fußball-Talente. An diesen Talent-Tagen suchen Trainer die besten Kicker aus ganz Deutschland für die Jugendmannschaften des FC Bayern aus. Die jüngsten Spieler (sechs bis acht Jahre) trainieren dreimal in der Woche. Die 14-Jährigen trainieren sogar sechsmal pro Woche.

Viele Fußball-Talente kommen nicht aus München. Für sie hat der FC Bayern ein Wohnheim. Dort wohnen sie und gehen in München zur Schule. Wenn man in der Schule schlechte Noten hat, darf man am Wochenende nicht mitspielen. Beim FC Bayern ist man der Meinung, dass die jungen Fußballer nicht nur beim Fußball, sondern auch in der Schule sehr gut sein müssen. Und das sind ganz wenige, vielleicht einer von 50 Spielern. Und wer bekommt nun eine Chance? Welche Spieler kommen in das „junior team"? Nur wenn man geschickt und kreativ mit dem Ball umgehen kann, hat man eine Chance. Und wie schafft man das?

Hier sind einige Tipps:

⚽ Man soll so oft wie möglich Fußball spielen, mit Mitschülern oder Freunden. Beim Straßenfußball kann man schneller, geschickter und kreativer werden.

⚽ Fußballregeln muss man lernen, aber die Fußball-Theorie ist am Anfang nicht so wichtig.

⚽ Man kann auch allein üben und Tricks ausprobieren. Man schießt den Ball einfach gegen eine Wand und hält den Ball möglichst lange mit dem rechten oder dem linken Fuß in der Luft.

⚽ Man soll nicht nur Fußball, sondern auch andere Sportarten treiben wie Fahrradfahren oder Inline-Skating. Das macht fit.

⚽ Man lernt auch viel über Fußball, wenn man große Fußballstars im Fernsehen oder im Fußballstadion beobachtet.

b *Sucht einen Partner. Der Erste stellt Fragen, der Zweite findet die passende Antwort.*

AB 4

15 Fußballfragen für Experten

1. der FC Bayern München?	6. ein Fußballstar?	11. Sport treiben?
2. ein Fußballprofi?	7. ein Fußball-Talent?	12. Straßenfußball?
3. ein Fußballspieler?	8. ein Fußballtor?	13. ein Trainer?
4. eine Fußballregel?	9. eine Jugendmannschaft?	14. Training?
5. ein Fußballstadion?	10. eine Sportart?	15. ein Trick?

> Was ist der FC Bayern München?

> Das ist ein Fußballverein.

a) Sie erklärt, wie man Fußball spielt.
b) Es kann geschickt mit dem Ball umgehen.
c) Das ist ein Fußballverein.
d) Da spielen die jungen Fußballer mit.
e) Fußball ist sein Beruf.
f) Das ist zum Beispiel Schwimmen.
g) Dort finden Fußballspiele statt.
h) Er spielt Fußball.

i) Da schießen die Spieler den Ball hinein.
j) Das spielt man auf der Straße.
k) Das ist die Übungsstunde für Sportler.
l) Man täuscht den Gegner im Spiel.
m) Er trainiert Sportler.
n) Da macht man Sport.
o) Das ist ein berühmter Fußballspieler.

1	2	3	4	5	6	7	8	9	10	11	12	13	14	15
c	?	?	?	?	?	?	?	?	?	?	?	?	?	?

c *Was ist richtig? Was ist falsch?*

	R	F
1. Die Talent-Tage beim FC Bayern München gibt es zweimal pro Jahr.	?	?
2. Die Fußball-Talente kommen aus ganz Europa.	?	?
3. Die 6- bis 8-Jährigen trainieren dreimal pro Woche.	?	?
4. Die Fußballstars vom FC Bayern wohnen in einem Wohnheim.	?	?
5. Die Fußballspieler müssen auch gut in der Schule sein.	?	?
6. In der Jugendmannschaft spielt man Straßenfußball.	?	?
7. Für Straßenfußball braucht man viel Fußball-Theorie.	?	?
8. Fußball kann man auch allein trainieren.	?	?
9. Nur Fußballspielen macht fit.	?	?
10. Auch wenn man viel zuschaut, kann man lernen.	?	?

5 *Fragt euch gegenseitig.*

AB 5, 6

● Mit was für einem Ball spielt man Fußball?

○ Mit F, mit einem Fußball.

A ?
Federball

B ?

C ?

D ?

1. Fußball	5. Basketball
2. Golf	6. Tischtennis
3. Baseball	7. Badminton
4. Volleyball	8. Tennis

E ?

F ?

G ?

H ?

6 *Spielt Olympia-Quiz: Die Lösungen findet ihr unten.*

Olympia-Quiz

1. **Wann und wo fanden die ersten Olympischen Spiele in der Antike statt?**

   a) 776 vor Christus in Rom
   b) 776 vor Christus in Griechenland
   c) 1861 in Griechenland

2. **Wann und wo fanden die ersten Olympischen Spiele in der Neuzeit statt?**

   a) 1896 in Athen
   b) 1894 in Athen
   c) 1890 in Moskau

3. **Wie viele Ringe hat das Olympische Symbol?**

   a) fünf Ringe
   b) vier Ringe
   c) sechs Ringe

4. **Welches Musikstück spielt man für den Sieger?**

   a) We Are The Champions
   b) sein Lieblingslied
   c) die Nationalhymne seines Landes

5. **Wie lang ist der Marathonlauf?**

   a) 42,195 Kilometer
   b) 43 Kilometer
   c) 44,293 Kilometer

6. **Woher kommt das Olympische Feuer?**

   a) aus Athen
   b) aus Olympia
   c) aus Rom

7. **Wie nennt man die beiden Olympischen Veranstaltungen?**

   a) Olympische Wasser- und Schneespiele
   b) Olympische Leichtathletikspiele
   c) Olympische Sommer- und Winterspiele

8. **Welche Sportart gehört nicht zur Leichtathletik?**

   a) Hochsprung
   b) 400-Meter-Lauf
   c) Segeln

9. **Wie oft finden die Olympischen Sommerspiele statt?**

   a) alle zwei Jahre
   b) alle vier Jahre
   c) alle fünf Jahre

10. **IOC, was ist das?**

   a) Internationales Olympisches Komitee
   b) Internationaler Organisations-Klub
   c) Internationaler Olympischer Kommissar

11. **Wann und wo durften zum ersten Mal Frauen an Wettkämpfen teilnehmen?**

   a) 1900 in Paris
   b) 2000 in Sydney
   c) 1972 in Moskau

12. **Wie heißt die „Königssportart" der Leichtathletik?**

   a) Triathlon
   b) Zehnkampf
   c) 100-Meter-Lauf

Lösungen: 1b, 2a, 3a, 4c, 5a, 6b, 7c, 8c, 9b, 10a, 11a, 12b

7 *Fragt euch gegenseitig.*

AB 7, 8

> Welche Sportart gehört zur Leichtathletik?

> ... gehört zur Leichtathletik.

1. ? der Volleyball
2. ? der Hochsprung
3. ? das Segeln
4. ? das Judo
5. ? das Snowboarden

6. ? der Marathonlauf
7. ? der Basketball
8. ? der Zehnkampf
9. ? das Schwimmen
10. ? das Skilaufen

11. ? das Boxen
12. ? der Weitsprung
13. ? der 100-Meter-Lauf
14. ? das Karate
15. ? das Schlittschuhlaufen

die Leichtathletik

der Ballsport

der Wassersport

der Wintersport

der Kampfsport

8 *Hört das Lied und singt mit. Macht dann selbst Strophen.*

Meine Oma fährt im Hühnerstall Motorrad

1. Meine Oma fährt im Hühnerstall Motorrad,
   Motorrad, Motorrad.
   Meine Oma fährt im Hühnerstall Motorrad,
   ohne Hupe, ohne Bremse, ohne Licht.
2. Meine Oma fährt im Kuhstall mit dem Auto,
   ohne Hupe, ohne Bremse, ohne Licht.

3. Meine Oma fährt im Keller mit dem Fahrrad,
   ohne Klingel, ohne Bremse, ohne Licht.

4. ... im Garten mit der U-Bahn
5. ... im Freibad mit dem Moped
6. ... im Aufzug mit den Schlittschuh'n

9a

  Hört die Wörter. Was ist hart *? Was ist weich* *? Lest die Wörter dann vor.*

1. Fußball	-	x		9. Alphabet	?	?
2. Volleyball	x	-		10. kreativ	?	?
3. Kaffee	?	?		11. David	?	?
4. Klavier	?	?		12. Philipp	?	?
5. vier	?	?		13. Pullover	?	?
6. Farbe	?	?		14. Daphne	?	?
7. Video	?	?		15. Nerven	?	?
8. laufen	?	?		16. Kaviar	?	?

b

Sprich die Zungenbrecher so schnell du kannst.

Für vier Klaviere
fehlen fünf Kavaliere.
Fünf Kavaliere
fehlen für vier Klaviere.

Fünf flinke Fische fangen
fünf flinke Fliegen am Fluss.
Am Fluss fangen fünf flinke Fische
fünf flinke Fliegen.

10

Sucht einen Partner. Macht Dialoge.

Das habe ich gelernt:

Was für ein Musiker/ein Tier/eine Sportart/ Filme gefällt/gefallen dir?	Mir gefällt/gefallen Mozart/eine Katze/ Hockey/Krimis.
Was für einen Musiker/ein Tier/eine Sportart/ Filme findest du gut?	Ich finde Mozart/eine Katze/Hockey/ Krimis gut.
Mit was für einem Zug/Mit was für einem Auto/ Mit was für einer Bahn/Mit was für Schiffen bist du gefahren?	Mit einem Schnellzug./Mit einem Cabrio./Mit einer Straßenbahn./ Mit Fähren.
Treibst du Sport?	Ja, ich treibe Sport. Nein, ich treibe keinen Sport.
Wo findet der Wettkampf statt?	Er findet im Stadion statt.
Welche Mannschaften nehmen teil?	Es nehmen Mannschaften aus München und aus Madrid teil.
Welche Sportarten gehören zum Ballsport?	Zum Ballsport gehören Fußball, Volleyball und Basketball.
Reitest du gern?	Ja, aber ich spiele lieber Tennis.
Gehst du in die 5. Klasse?	Nein, ich gehe nicht in die fünfte, sondern in die sechste Klasse.
Bist du ein Fußballprofi?	Nein, ich bin kein Profi, sondern ein Amateur.

Die Schlaumeier machen Sport

Was für ein Sport ist das?
Was für ein Spiel soll das sein?
Was für eine Sportart ist das?
Was für Übungen sind das?

Sehen Sie nicht,
dass ich trainiere?

Spielt **nicht** rum,
sondern hört zu!
Ihr macht **keinen**
Quatsch, **sondern**
ihr macht Sport!

Was für einen Sport treiben wir denn?
Was für ein Spiel spielen wir denn?
Was für eine Sportart machen wir denn?
Was für Übungen trainieren wir denn?

Mit was für einem Ball,
mit was für einem Seil,
mit was für einer Bank,
mit was für Ringen sollen wir trainieren?

Was für eine Zirkusnummer
ist denn das?

Lernen zu Hause am Computer oder in der Schule?

☐ Ich finde, wir lernen in der Schule zu viel Theorie. Nach sechs Stunden und dann außerdem noch Hausaufgaben kann ich mich nicht mehr konzentrieren. Wenn wir vormittags zu Hause am Computer arbeiten können, dann bleibt am Nachmittag mehr Freizeit.
David, 13 Jahre

☐ In der Schule langweile ich mich. Allein am Computer kann ich viel besser lernen. Dann muss man außerdem nicht so früh aufstehen. Wenn man am Computer lernt, kann man selbst die Zeit einteilen.
Daniel, 12 Jahre

☒ Ich langweile mich auch oft in der Schule, aber ich arbeite lieber mit Mitschülern am Computer als allein zu Hause. Außerdem fehlt zu Hause auch der Sportunterricht und wir werden alle immer dicker, wenn wir uns nicht mehr bewegen.
Patricia, 12 Jahre

☒ Schule macht Spaß, weil man viel mit den Mitschülern zusammen machen kann. In unserer Schule durften wir die Wände bemalen. Ich fühle mich in der Schule jetzt richtig wohl. Allein zu Hause am Computer sitzen, das finde ich blöd. Und was macht man dann, wenn man etwas nicht versteht?
Isabel, 14 Jahre

☒ Allein am Computer arbeiten ist toll, aber Schule ist viel besser. In der Schule weiß ich, wie gut ich bin, denn ich kann mich mit den anderen vergleichen. In der Schule kann ich mich mit meinen Mitschülern unterhalten und wir treffen uns auch am Nachmittag. Ich habe tolle Lehrer und nette Mitschüler.
Claudia, 11 Jahre

☒ Ich freue mich jeden Tag neu auf die Schule, weil ich dort alle meine Freunde treffe. In unserem Klassenzimmer stehen auch zwei Computer. Allein kann man doch auch nachmittags am Computer sitzen. Außerdem habe ich nur nette Lehrer. Sie helfen uns immer und erklären viel.
Stefan, 13 Jahre

1   *Lies die Texte. Wer sagt was dazu?*   ▷ AB 1

1. ☐? fühlt sich in der Schule wohl.
2. ☐? will sich im Sportunterricht bewegen.
3. ☐? und ☐? freuen sich auf den Unterricht in der Schule.
4. ☐? kann sich in der Schule mit Mitschülern unterhalten.
5. ☐? trifft sich mit Freunden in der Schule.
6. ☐? kann sich nach Schule und Hausaufgaben nicht mehr konzentrieren.
7. ☐? trifft sich auch am Nachmittag mit den Mitschülern.
8. ☐? und ☐? langweilen sich in der Schule.
9. ☐? kann sich in der Schule mit den Mitschülern vergleichen.

2 *Erzähle bitte.*

Unterricht: Wann konzentrierst du dich?
Wann langweilst du dich?

> Ich konzentriere mich, wenn ich Vokabeln lernen muss.

> Ich langweile mich, wenn ich Vokabeln lernen muss.

1. Vokabeln lernen müssen
2. einen Tierfilm in Biologie sehen
3. ein Museum besichtigen
4. für einen Test üben
5. einen Versuch in Physik machen
6. in einem Theaterstück mitspielen

7. Kochunterricht haben
8. einen Aufsatz schreiben
9. mit einem Partner Aufgaben lösen
10. am Computer arbeiten
11. im Schulgarten Unterricht haben
12. einen Text auf Deutsch lesen

3 *Was meinst du? Erzähle.*

> AB 2, 3

Schule: Worüber sich Schüler freuen
und worüber sich Schüler ärgern

> Ich freue mich, wenn ich eine Wanderung mache.

> Ich ärgere mich, wenn ich eine Wanderung mache.

ich	freue/ärgere	mich
du	freust/ärgerst	dich
er/sie/es	freut/ärgert	sich
wir	freuen/ärgern	uns
ihr	freut/ärgert	euch
sie	freuen/ärgern	sich

1. Ich mache eine Wanderung. ☺ ☹ [?] [?]
2. Die Schüler machen eine Party. [?] [?]
3. Du hast Streit mit deinen Freunden. [?] [?]
4. Wir kommen zu spät. [?] [?]
5. Ihr habt keine Schule. [?] [?]
6. Die Schüler müssen aufräumen. [?] [?]
7. Sie dürfen die Wände bemalen. [?] [?]
8. Er darf sein Haustier mitbringen. [?] [?]
9. Sie hat die Hausaufgaben vergessen. [?] [?]
10. Ich muss die Tafel wischen. [?] [?]

Schule – mal anders

A Mobile Kids-Tour

Schüler lernen, wie man sich im Verkehr bewegt. Hier läuft der Verkehrsunterricht einmal anders. Im Kugelkino sehen die Schüler einen Film über gefährliche Situationen im Straßenverkehr. Die Schüler spielen Fehler-Detektive und suchen die Fehler im Film. Immer wenn sie einen Fehler finden, bekommen sie einen Punkt. Beim „Touch-Screen-Memory" spielen die Schüler zu zweit und müssen Verkehrszeichen zu Bildpaaren ordnen. Auch hier gibt es Punkte. Die Orientierung übt man so: Ein Schüler steigt in die Kugel. Die Schüler draußen sagen ihm, in welche Richtung er sich bewegen soll. Mit der Kugel rollt er dann nach rechts, links, geradeaus oder zurück. Die Schulklasse mit den meisten Punkten gewinnt eine Reise.

B Bremer Universum

Hier läuft der Biologie- und Physikunterricht anders als sonst. In diesem Erlebnis-Museum können die Schüler eine Reise zum Menschen, zum Kosmos und zur Erde machen. Sie können hier Naturphänomene erleben und ausprobieren. Ein Ventilator macht Wind wie ein Tornado. Es gibt auch ein Erdbeben-

Zimmer. Man sitzt auf einem Sofa und kann ein Erdbeben bis Stärke 8 auf der Richterskala erleben. Die Schüler können auch beobachten, wie sich der eigene Körper beim Sport bewegt, wenn sie neben dem Skelett „Freddy" rudern.

C Zirkus macht Schule

Hier läuft der Sportunterricht anders als in der Schule. Die Schüler üben Zirkusnummern für ihren Zirkus „Fantadu". 70 Schüler sind Mitglied in diesem Theaterzirkus. Die Schüler suchen die Musik selbst aus, machen die Choreografie für die Tanznummern

selbst und stellen auch ihre Kostüme her. Herr und Frau Wegner, ihre Sportlehrer, helfen ihnen dabei. Einmal im Jahr machen sie für alle Schulen eine Vorstellung im Theater. Dann spucken sogar Dinosaurier Feuer und Köche springen mit Spagetti seil.

4 *In welchem Text steht das?*

AB 4, 5

Text

1. Die Schüler arbeiten für eine Vorstellung. `?`
2. Die Schüler suchen Fehler. `?`
3. Die Schüler machen selbst Versuche in Physik und Biologie. `?`
4. Die Schüler bewegen sich beim Lernen. `?`
5. Die Schüler bekommen Punkte. `?`
6. Die Lehrer helfen den Schülern bei ihrer Arbeit. `?`
7. Die Schüler sehen einen Film zum Thema. `?`

Text

8. Die Schüler arbeiten mit Kopf und Hand. `?`
9. Die Schüler machen Partnerarbeit. `?`
10. Die Schüler sind kreativ und machen alles selbst. `?`
11. Die Schüler arbeiten mit Bildern. `?`
12. Die Schüler beobachten ihren Körper und lernen dabei. `?`
13. Die Schüler machen Gruppenarbeit. `?`
14. Die Schüler lernen im Spiel. `?`

5a *Hör zu. Was ist richtig? Was ist falsch?*

Am Pausenkiosk

	R	F
1. Die Schüler kaufen am Vormittag ein.	?	?
2. Sie kommen eine halbe Stunde früher zur Schule.	?	?
3. Jedes Team macht einen Tag lang den Pausenkiosk.	?	?
4. Sie kaufen Chips und Süßigkeiten ein.	?	?
5. Sie machen die Sandwiches in der Schulküche.	?	?
6. Sie verkaufen auch Obst und Kuchen.	?	?
7. Das Brot bestellen sie beim Supermarkt.	?	?
8. Die Teams für den Pausenkiosk kommen aus der 5. und 6. Klasse.	?	?
9. Die Abrechnung für den Kiosk machen sie im Deutschunterricht.	?	?
10. Sie verdienen Geld mit dem Pausenkiosk.	?	?

b *Organisiert euren eigenen Pausenkiosk.*

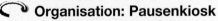

Organisation: Pausenkiosk
1. Woche vom ? bis ?
2. Schüler: Anzahl? Namen?
3. Einkaufen: Was? Wer?
4. Beginn/Vorbereitungen: Wann? Wer?
5. Pausendienst: Wer?
6. Aufräumen: Wann? Wer?
7. Kasse: Wer?
8. Abrechnung: Wann?

Lernen – so bleibst du fit

rechts links

Unser Gehirn arbeitet Tag und Nacht. Wenn wir atmen, gehen, denken, spielen, Rad fahren, lachen, schlafen und träumen – unser Gehirn macht nie eine Pause. Unser Gehirn schickt und bekommt Informationen. Die Informationen laufen wie der Strom über Leitungen. Diese Leitungen zum Gehirn nennt man Nerven. So ist das Gehirn über die Nerven mit allen Körperteilen verbunden.

Unser Gehirn hat zwei Hälften. Die rechte Hälfte arbeitet, wenn wir malen, singen, tanzen und träumen. Die linke Hälfte arbeitet, wenn wir logisch denken, rechnen und Regeln lernen.

Wir lernen also besonders gut, wenn beide Gehirnhälften aktiv sind und zusammenarbeiten. Die linke Gehirnhälfte ist aktiv, wenn wir die rechte Körperseite bewegen. Die rechte Gehirnhälfte ist aktiv, wenn wir die linke Körperseite bewegen.

1. Die beiden Gehirnhälften sehen gleich aus.
2. Wir schlafen und träumen.
3. Die rechte Gehirnhälfte arbeitet, wenn wir malen.
4. Unser Gehirn schickt Informationen an den Körper.
5. Wir bewegen den rechten Arm.
6. Das Gehirn ist mit allen Körperteilen verbunden.
7. Unser Gehirn arbeitet Tag und Nacht.

a) Trotzdem arbeitet unser Gehirn.
b) Außerdem bekommt das Gehirn Informationen vom Körper.
c) Deshalb macht es nie eine Pause.
d) Deshalb gehen die Nerven in den ganzen Körper.
e) Trotzdem sind sie sehr verschieden.
f) Außerdem ist sie beim Singen, Tanzen und Träumen aktiv.
g) Deshalb ist die linke Gehirnhälfte aktiv.

1	2	3	4	5	6	7
?	?	?	?	?	?	?

7a *Lest die Texte und ordnet die Bilder den Texten zu.*

Lerngymnastik

1. Wir tanzen mit Musik. Wir bewegen den rechten Arm zusammen mit dem linken Bein, und den linken Arm zusammen mit dem rechten Bein. So bewegen wir uns vorwärts, rückwärts, seit- wärts oder auf der Stelle.

2. Wir suchen einen Partner. Wir legen die Hände gegen- einander. Wir machen Schrit- te, mal mit dem rechten, mal mit dem linken Bein. Dabei wippen wir mit dem Fuß hinten auf und ab.

3. Wir suchen einen Partner. Wir stehen uns gegenüber. Wir geben einen Ball (Spitzer, Radiergummi, ...) an den Partner weiter: von der rechten Hand in die linke Hand und dann zum Partner und so weiter.

4. Wir stehen und über- kreuzen die Beine. Wir las- sen Oberkörper und Arme nach unten hängen. Dann schwingen wir mit Ober- körper und Armen nach rechts und links wie das Pendel einer Standuhr.

5. Wir malen mit der linken Hand eine Acht in die Luft und beginnen in der Mitte. Das machen wir dann mit der rechten Hand im Wechsel.

6. Wir legen die rechte Hand auf die linke Schulter und halten die Schulter gut fest. Wir drehen den Kopf lang- sam weit nach links und dann weit nach rechts. Das machen wir dann mit der linken Hand auf der rechten Schulter im Wechsel.

A ?

B ?

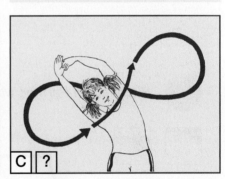

C ?

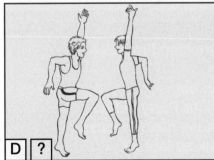

D ?

E ?

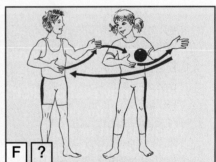

F ?

b *Wie heißen die Übungen? Ordnet den Texten zu.*

a) Vogelkopf ?   c) Fußwippe ?   e) Standuhr ?

b) Balltausch ?   d) Luftnummer ?   f) Kreuztanz ?

c *Macht die Lerngymnastik in Gruppen.*
Sucht eine Übung aus und bringt sie dann den anderen bei.

8a *Hör die Wörter. Wo hörst du „sch"? Wo hörst du „s"? Lest die Wörter dann vor.*

	scht	st		schp	sp
1. Stadt	x	-	11. Sport	?	?
2. Gäste	-	x	12. auspacken	?	?
3. machst	?	?	13. Kasper	?	?
4. Stunde	?	?	14. spät	?	?
5. Pferdestall	?	?	15. Spanien	?	?
6. erste	?	?	16. transportieren	?	?
7. Herbst	?	?	17. Wespe	?	?
8. gestern	?	?	18. mitspielen	?	?
9. aufstehen	?	?	19. Gespenst	?	?
10. Fenster	?	?	20. ausprobieren	?	?

b *Sprich die Zungenbrecher so schnell du kannst.*

Spanische Spitzensportler
spielen starke Strandspiele
in Stuttgart.

Stille Gespenster
gespenstern am Fenster.

9 *Sucht einen Partner. Macht Dialoge.*

Das habe ich gelernt:

Wann fühlst du dich wohl?	Wenn ich mit meinen Freunden zusammen bin.
Wann langweilst du dich?	Wenn ich allein bin.
Wann freut ihr euch?	Wenn wir zu einer Party gehen.
Wann ärgert er sich?	Wenn er zu Hause bleiben muss.
Wann kannst du dich nicht konzentrieren?	Wenn die Musik zu laut ist.
Bewegst du dich gern?	Ja, ich bewege mich regelmäßig.
Unterhältst du dich gern?	Ja, ich unterhalte mich sehr gern.
Interessiert sich Lina für Kino?	Ja, sie interessiert sich für Kino.
Wann triffst du dich mit David?	Wir treffen uns um fünf.
Bist du gut in Sport?	Nein, trotzdem schwimme ich gern.
Fährst du mit deinen Eltern weg?	Ja, außerdem kommt mein Onkel mit.

Die Schlaumeier machen Zirkus

In zwei Stunden beginnt unsere Zirkusvorstellung. Wir müssen uns beeilen!

Ich verkleide mich als Clown!

Ich verkleide mich als Zauberdrache!

Ich ziehe mich als Tiger an!

Ich bin der Zirkusdirektor.
Ich organisiere alles.
Also, sich verkleiden,
ich   verkleide   mich nicht,
du   verkleidest dich als Clown,
er   verkleidet   sich als Zauberdrache,
sie   verkleidet   sich als Tiger,
es   verkleidet   sich nicht,
wir   verkleiden   uns nicht alle,
ihr   verkleidet   euch,
sie   verkleiden   sich,
Sie   verkleiden   sich als Krokodil, Herr Schlau.

So, ihr habt euch alle verkleidet und ich schminke euch jetzt!

Na, Bello, dann streng dich mal an!

Da erschreckt sich Rosa, und Meier wundert sich.

Tempo

Was hörst du?

Die Schülerzeitung *Tempo* hat mit Jasmin (12) und mit Lukas (11) über Musik gesprochen.

Tempo: *Was für Musik hörst du, Jasmin?*

Jasmin: Ich höre alles, was man im Radio spielt und was man auf MTV sehen kann.

Tempo: *Welche Musik findest du besonders gut?*

Jasmin: Ich mag am liebsten Pop-Musik. Aber ich bin kein Fan von diesen Stars oder Bands. Ich höre die Musik, solange sie in den Hit-paraden ist. Wenn was Neues kommt, dann höre ich das.

Tempo: *Was gefällt dir an Musik?*

Jasmin: Ich finde Musik total schön, wenn sie schnell und dynamisch ist und Rhythmus hat.

Tempo: *Was für CDs kaufst du denn?*

Jasmin: Ich kaufe nur Sampler. Da hab ich dann alle Hits auf einer CD.

Tempo: *Ist Musik wichtig für dich?*

Jasmin: Ja, ich kann ohne Musik nicht leben. Wenn ich ein Lieblingslied habe, höre ich das Lied immer wieder. Ich fühle mich dann voll gut und tanze auch dazu.

Tempo: *Lukas, was für Musik hörst du?*

Lukas: Ich höre meistens Rap und Hip-Hop. Ich habe keine Lieblingsgruppe. Ich höre alles, was in ist.

Tempo: *Was findest du an der Musik so gut?*

Lukas: Sie hat viel Rhythmus, ist aggressiv und ich kann mich toll dazu bewegen. Außerdem gefallen mir die Texte. Die sind echt spannend.

Tempo: *Ist Musik wichtig für dich?*

Lukas: Ja, Hip-Hop und Rap sind echt cool. Ich höre ständig Musik, im Radio oder mit meinem Discman. Auch bei den Hausaufgaben höre ich immer Musik.

Tempo: *Gibst du viel Geld für Musik aus?*

Lukas: Ja, schon. Ich gebe mein ganzes Taschengeld für CDs und für Konzerte aus.

---

1 *Was erfährst du aus den Interviews und was nicht? Erzähle.*

AB 1

Ich weiß jetzt, Ich weiß nicht,	a) was für Musik Jasmin und Lukas hören.
	b) was für Instrumente sie spielen.
	c) warum Musik für sie wichtig ist.
	d) wie viel Geld Jasmin für Musik ausgibt.
	e) welche Konzerte Lukas besucht.
	f) was Jasmins Lieblingslied ist.
	g) wie lange Jasmin Hits hört.
	h) wann Lukas Musik hört.
	i) welche CDs Jasmin kauft.
	j) wie Lukas die Texte findet.
	k) wie Jasmin die Liedtexte findet.
	l) was Lukas mit seinem Taschengeld macht.

2 *Macht ein Musik-Interview mit eurem Partner.*

AB 2

Gibst du viel Geld für Musik aus?

Warum ist Musik für dich wichtig?

Du kannst fragen,

ob sie/er viel Geld für Musik ausgibt.
ob sie/er ein Instrument spielt.
was für Musik sie/er mag/gut findet.
welche Pop-Stars sie/er gut findet.
welche Band ihr/ihm gefällt.
ob sie/er Konzerte besucht.
ob sie/er gern tanzt.
warum Musik wichtig für sie/ihn ist.
welche Musik sie/er nicht mag/nicht gut findet.
wann sie/er Musik hört.
ob sie/er Musik gern laut hört.
wie oft …
mit wem …

3 *Hör zu. Was ist richtig? Was ist falsch?*

	R	F
1. Die Astrid-Lindgren-Schule hat eine Schülerband.	?	?
2. Die Band heißt Hip-Hop-Rats.	?	?
3. Die Schüler schreiben witzige und lustige Texte.	?	?
4. Ihre Texte erzählen nur über Schule.	?	?
5. Vier Mädchen und drei Jungen sind in der Band.	?	?
6. Der Musiklehrer ist auch in der Band.	?	?
7. Die Musikinstrumente gehören der Schule.	?	?
8. Sie treffen sich jeden Nachmittag.	?	?
9. Die Texte schreiben meistens drei Schüler aus der Band.	?	?
10. Sie geben auch Konzerte.	?	?
11. Ihre CD kann man in Musikgeschäften kaufen.	?	?
12. Mit dem Geld von den CDs kaufen sie Musikinstrumente für die Band.	?	?

4 *Hört zu und macht mit.*

Frühstücks-Rap

Morgenstund hat Gold im Mund.
Frühstücke und du bleibst gesund!
Hausmannskost am Pausenkiosk
ist bunt, macht fit, hält munter
die Kids.

Vollkornbrot und Obstjogurt,
ein Apfelsaft schafft Muskelkraft,
ein frisches Ei ist auch dabei.
Viel Zucker und Chips – kein Futter
für Kids!

5 *Sortiert die Sätze und lest dann mit verteilten Rollen.*

Hip-Hop-Kurs in der Tanzschule „Star Dance"
Hip! Hop! Tanz mit!

So wirst du ein Hip-Hopper! Komm zu uns in den Hip-Hop-Workshop. Bei uns lernst du die Grundschritte. Dann kannst du selbst Tanzschritte erfinden und auf jeder Party und in jeder Disko der Tanzstar sein. Workshops gibt es am ersten Wochenende in jedem Monat, jeweils 1,5 Stunden am Samstag und Sonntag.

Workshop-Gebühren: 50 Euro
Teilnehmer: Kinder und Jugendliche

So meldet ihr euch bei „Star Dance" an:
Telefon: 59 34 562
E-Mail: star-dance@de

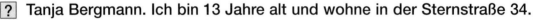

?	Tanja Bergmann. Ich bin 13 Jahre alt und wohne in der Sternstraße 34.
?	Auf Wiederhören. Vielen Dank.
1	Hier Tanzschule „Star Dance". Was wünschen Sie bitte?
?	Ja, prima. Das passt mir auch.
?	Dann komm doch morgen vorbei und hol dir das Anmeldeformular ab. Du kannst dann auch gleich bezahlen. Die Gebühr beträgt 50 Euro. Tschüs dann, Tanja.
?	Hier ist Tanja Bergmann. Ich möchte mich für den Hip-Hop-Workshop anmelden.
?	Tut mir leid, Tanja. Da gibt es leider keinen Platz mehr. Passt es dir im Mai?
?	Jetzt im April.
3	Ja, prima. Sagst du mir bitte nochmal deinen Namen, dein Alter und deine Adresse?
?	Tanja, wann möchtest du denn an unserem Hip-Hop-Workshop teilnehmen?

6a *Ordne die Texte den Bildern zu. Lies sie dann in der richtigen Reihenfolge vor.*

Musikschule

Benjamin, 14 Jahre | ? | ? | ? | ?

Sabina, 13 Jahre | ? | ? | ? | ?

Alexandra, 14 Jahre | ? | ? | ? | ?

1. Der 14-jährige Trompeter Benjamin hat sich schon im Kindergarten für Blasmusik interessiert.

2. Die 13-jährige Sabina interessiert sich seit ihrem 9. Lebensjahr für Musik. Sie lernte zuerst Geige und dann Cello.

3. Die 14-jährige Alexandra ist erst mit 11 Jahren zur Musik gekommen. Da hat sie den Gesang und die Musik als ihr Hobby entdeckt. Das Klavierspielen lernte sie, weil es gut für das Singenlernen ist.

4. Seit drei Jahren bekommt sie Gesangsunterricht in der Musikschule. Der Unterricht ist oft sehr anstrengend und sie übt jeden Tag eine halbe Stunde.

5. Vielleicht macht Benjamin sein Hobby einmal zu seinem Beruf und wird Musiker.

6. Sie singt Jazz, Musical und auch Pop-Musik.

7. Sie liebt die klassische Musik und spielt Cello im Schulorchester.

8. Seit der 1. Klasse besucht er einmal in der Woche nachmittags eine Musikschule. Neben der Trompete ist das Computerspielen seine zweite Lieblingsbeschäftigung. Er übt täglich eine halbe Stunde neue Stücke – von klassischer Musik bis Jazz.

9. Das viele Üben und den Unterricht in der Musikschule fand Sabina sehr anstrengend. Deshalb wollte sie mit der Musik aufhören. Doch ihre Oma hat ihr immer wieder Mut gemacht. Und so übt sie jeden Tag eine Stunde mit ihrem Cello.

10. Sie möchte das Cellospielen später auch zu ihrem Beruf machen und Musikerin in einem Orchester werden.

11. Musizieren macht ihm noch immer sehr viel Spaß. Er hat Auftritte mit dem Blasorchester seiner Musikschule und mit der Jazzband seines Vaters.

12. Vielleicht wird sie ja einmal eine ganz berühmte Sängerin. Davon träumt sie schon heute.

b *Finde die Antworten in den Textteilen und erzähle.*

AB 3, 4

Finde in den Textteilen,

1. seit wann Benjamin/Sabina/Alexandra welches Instrument spielt.
2. wo Benjamin/Sabina/Alexandra das Instrument lernt und wie lange er/sie täglich übt.
3. welche Musik Benjamin/Sabina/Alexandra spielt und wo er/sie auftritt.
4. welchen Berufswunsch Benjamin/Sabina/Alexandra hat.

Lies den Text. Ordne den Textabschnitten die passenden Fotos zu.

Karneval der Kulturen in Berlin

A ?

B ?

C ?

D ?

E ?

1. Der jährliche Sommerkarneval ist weit über die Grenzen Berlins hinaus bekannt. 1,2 Millionen Menschen besuchen das große Straßenfest jedes Jahr. Am Pfingstsonntag findet immer ein bunter Umzug statt. Er dauert von 12.30 Uhr bis 22 Uhr. Die 4200 Musiker, Tänzer und Artisten haben 80 verschiedene Nationalitäten, aber sie leben alle in Berlin. Dieser internationale Umzug führt mitten durch Berlin. 105 Gruppen spielen flotte Musik, zeigen tolle Kunststücke und die typischen Tänze aus allen Kulturen. Die Gruppen tragen bunte Kostüme und führen fantastische Maskeraden vor. Für diesen großen Auftritt beim Karneval der Kulturen bereiten sich die Gruppen monatelang vor.

2. Auch Berliner Schulen nehmen an dem Umzug teil. An einer Berliner Oberschule gibt es eine interessante Percussion-Band. Sie trägt den afrikanischen Namen „Bando". Jedes Band-Mitglied hat ein feuerrotes Fass und trommelt afrikanische, südamerikanische oder irische Rhythmen. Die Schüler sagen, dass sie für den Frieden zwischen den Völkern trommeln.

3. Es gibt auch eine eindrucksvolle Theater-gruppe auf Stelzen. Beim Stelzentheater kann jeder das schwierige Laufen auf Stelzen lernen.

4. Die Mapuche-Indianer aus Chile zeigen einen typischen Tanz und tragen die wunder-schöne, bunte Kleidung aus ihrer Heimat. Dazu gehört ein bunter Schirm und lange Federn auf dem Hut.

5. Eine große Tanzgruppe aus Brasilien tanzt Samba. Zu ihrem Kostüm gehört ein langer, weißer Rock, ein weißes Kopftuch und ein gelbes Tuch. Alle tragen bunte Blumen auf dem Kopf. Alle Gruppen zeigen, dass Musik und Tanz international sind und keine Grenzen kennen.

b *Suche die passenden Adjektive aus dem Text und ergänze.*

AB 5

1. der ? Sommerkarneval
2. das ? Straßenfest
3. ein ? Umzug
4. 80 ? Nationalitäten
5. dieser ? Umzug
6. ? Musik
7. ? Kunststücke
8. die ? Tänze
9. ? Kostüme

10. ? Maskeraden
11. für den ? Auftritt
12. eine ? Percussion-Band
13. den ? Namen tragen
14. ein ? Fass
15. ?, ? oder ? Rhythmen
16. eine ? Theatergruppe
17. das ? Laufen auf Stelzen
18. einen ? Tanz zeigen

19. die ?, ? Kleidung aus der Heimat
20. ein ? Schirm und ? Federn auf dem Hut
21. eine ? Tanzgruppe
22. ein ?, ? Rock
23. ein ? Kopftuch
24. ein ? Tuch
25. ? Blumen auf dem Kopf

8 *Organisiert euren Beitrag zum Karneval der Kulturen.*

AB 6, 7

Organisation: Unser Beitrag
1. Musikstück(e): ?
2. Instrumente: ?
3. Tanz/Tänze: ?
4. Kostüme: ?
5. Kunststücke: ?
6. Proben: ?
7. Wer?
8. Wann?

lustig, bunt, modern, braun, …, toll, freundlich, klein, interessant, lang, kurz, fröhlich, fantastisch, weit, international, typisch, flott, verschieden, …

die Pantomime, der Tanz, die Maske, der Hut, das Kostüm, die Stiefel, die Hose, …, die Kleidung, die Band, das Instrument, die Tanzgruppe, das Kunststück, …

Uns gefällt die lustige Pantomime, ein moderner Tanz, …
Wir brauchen eine tolle Maske, den schwarzen Hut, …
Wir ziehen das bunte Kostüm, die braunen Stiefel, eine weite Hose, … an.

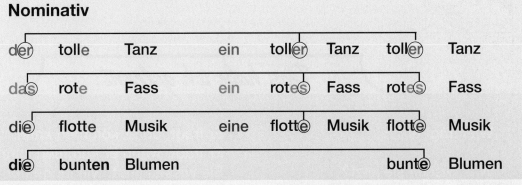

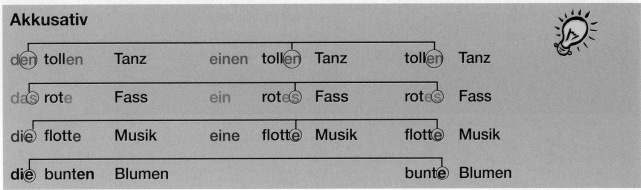

Satzmodelle

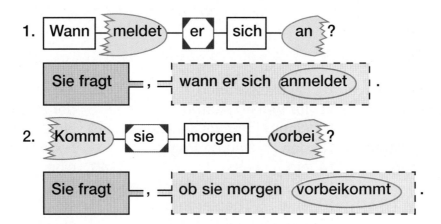

1. Wann meldet er sich an?

Sie fragt, wann er sich anmeldet.

2. Kommt sie morgen vorbei?

Sie fragt, ob sie morgen vorbeikommt.

9 *Ergänze die Sätze wie in den Satzmodellen und schreib sie in dein Heft.*

1. Wo wohnt sie?
   Sie fragt, ...
2. Was für einen Kurs möchte sie machen?
   Sie fragt, ...
3. Kann sie schon Hip-Hop tanzen?
   Sie fragt, ...
4. Wie oft gibt es Hip-Hop-Workshops?
   Sie fragt, ...

5. Holt er sich das Anmeldeformular ab?
   Sie fragt, ...
6. Wann will er am Workshop teilnehmen?
   Sie fragt, ...
7. Wie lange dauert der Kurs?
   Sie fragt, ...
8. Erfinden sie selbst Tanzfiguren?
   Sie fragt, ...

10 *Sucht einen Partner. Macht Dialoge.*

Das habe ich gelernt:

Was fragt er? — Er fragt, ob er kommen kann.
Er fragt, wann er kommen kann.

Was wissen sie jetzt? — Sie wissen jetzt, wie lange der Film dauert.

Was denkst/glaubst/meinst du? — Ich denke/glaube/meine, dass der Karneval der Kulturen toll ist.

Welchen Berufswunsch hast du? — Ich möchte Arzt/Ärztin, Musiker/Musikerin, ... werden.

Die Schlaumeier machen Musik

Wir machen heute flotte Musik!
Und hier sind unsere Instrumente:
der große Topf,
das volle Glas,
die leere Flasche,
die vielen Schlüssel,
und ...

Was?
Das sollen Instrumente sein?
Hilfe, ein großer Topf,
ein volles Glas,
eine leere Flasche,
und viele Schlüssel?
Ich glaub, ich spinne!

Bello, nimm den großen Topf,
Rita, nimm das volle Glas,
Turbo, nimm die leere Flasche,
Rosa, nimm die vielen Schlüssel!

Also, Bello bekommt einen großen Topf,
ich bekomme ein volles Glas,
Turbo bekommt eine leere Flasche,
und Rosa bekommt viele Schlüssel.
Und wo bleibt die flotte Musik?

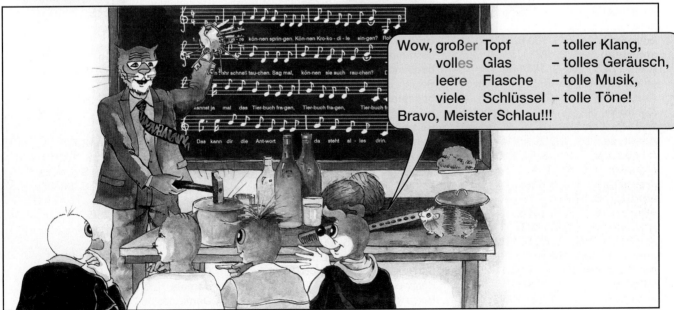

Wow, großer Topf – toller Klang,
volles Glas – tolles Geräusch,
leere Flasche – tolle Musik,
viele Schlüssel – tolle Töne!
Bravo, Meister Schlau!!!

Alphabetische Wörterliste

Hier findest du den Wortschatz von *Das neue Deutschmobil 2*. Eigennamen von Personen und Städten wurden nicht aufgenommen. Zu jedem Wort sind Lektion, Seite und Aufgabe angegeben, in der das Wort zum ersten Mal vorkommt. Fett gedruckte Wörter stehen auf der Liste zum „Zertifikat Deutsch".

abbiegen L 11, S. 89/2a
abfliegen L 2, S. 17/3
ablaufen L 8, S. 68/6
Abrechnung, die, -en L 13, S. 107/5a
abreisen L 8, S. 70/8b
abschicken L 11, S. 88/1b
Adlershow, die, -s L 7, S. 57/3
Adresse, die, -n L 2, S. 17/1c
afrikanisch L 14, S. 116/7a
aggressiv L 14, S. 112/1
Ägypten L 9, S. 72/1
ähnlich L 3, S. 29/8
Airbag, der, -s L 9, S. 72/1
Akademie, die, -n L 5, S. 41/2a
aktiv L 13, S. 108/6
Allee, die, -n L 11, S. 89/2a
allergisch L 9, S. 74/3
Alp, die, -en L 8, S. 68/6
Alpenbauernhaus, das, ¨-er
   L 10, S. 81/1a
Alphabet, das L 12, S. 102/9a
als (Vergleich) L 3, S. 27/4
als L 7, S. 62/11
Alter, das L 9, S. 77/7
Amateur, der, -e L 12, S. 102/10
Ampel, die, -n L 11, S. 93/7
anbauen L 6, S. 52/4a
ander- L 2, S. 18/4a
anders L 13, S. 106/4
angreifen L 7, S. 59/7
Angst, die, ¨-e L 2, S. 18/4a
ängstlich L 4, S. 36/7
ankommen L 5, S. 45/7
Anmeldeformular, das, -e
   L 14, S. 114/5
anmelden (sich) L 14, S. 114/5
anreisen L 1, S. 15/Comic
Anruf, der, -e L 11, S. 90/3a
anschauen L 1, S. 13/7a
anstrengen (sich) L 13, S. 111/Comic
anstrengend L 14, S. 115/5a
antik L 1, S. 13/7a
Antike, die L 12, S. 100/6
antworten L 5, S. 45/7
Anzahl, die L 13, S. 107/5b
anziehen (sich) L 13, S. 111/Comic
Anzug, der, ¨-e L 12, S. 96/1
Apotheke, die, -n L 11, S. 88/1a
Aqua-Park, der, -s L 5, S. 41/2a
Arbeit, die, -en L 6, S. 48/1a
Arbeiter, der, - L 6, S. 51/3
ärgerlich L 6, S. 48/1a
ärgern (sich) L 9, S. 76/5
arm L 7, S. 58/4
Arm, der, -e L 2, S. 18/4a
Arzt, der, ¨-e L 4, S. 33/3a
Ärztin, die, -nen L 14, S. 118/10
atmen L 13, S. 108/6
Auf Wiederhören! L 14, S. 114/5
aufhören L 14, S. 115/6a
Aufsatz, der, ¨-e L 13, S. 105/2

aufschreiben L 2, S. 23/Comic
aufstellen L 1, S. 14/8
auftreten L 14, S. 115/6b
Auftritt, der, -e L 14, S. 115/6a
Aufzug, der, ¨-e L 12, S. 101/8
ausbrechen L 11, S. 90/3a
ausgeben L 1, S. 13/7a
Auskunft, die, ¨-e L 7, S. 56/1
ausleihen L 10, S. 84/5
auspacken L 13, S. 110/8a
ausprobieren L 10, S. 84/5
ausrücken L 11, S. 90/3a
außerdem L 13, S. 104/1
aussetzen L 9, S. 77/7
Aussicht, die, -en L 8, S. 65/1
Aussichtspunkt, der, -e L 8, S. 65/1
aussteigen L 11, S. 93/7
Ausstellung, die, -en L 7, S. 58/4
aussuchen L 1, S. 13/7a
Autobahn, die, -en L 5, S. 45/7
Baby, das, -s L 2, S. 16/1a
Badminton, das L 12, S. 99/5
Bahn, die, -en L 5, S. 40/1
Bahnhof, der, ¨-e L 11, S. 88/1a
Bahnsekretär, der, -e L 8, S. 64/1
Bahnstation, die, -en L 8, S. 64/1
Bahnsteig, der, -e L 11, S. 90/3a
bald L 4, S. 34/4a
Ballsport, der L 12, S. 101/7
Balltausch, der L 13, S. 109/7b
Band, das, ¨-er L 10, S. 84/5
Band, die, -s L 14, S. 112/1
Bart, der, ¨-e L 7, S. 58/5
Baseball, der L 12, S. 99/5
Baseball-Kappe, die, -n L 2, S. 16/1a
Bau, der L 8, S. 64/1
Bauarbeiten (Pl.) L 8, S. 64/1
Bauch, der, ¨-e L 4, S. 32/1
Bauer, der, -n L 6, S. 48/1a
Bäuerin, die, -nen L 6, S. 49/1a
Bauernhof, der, ¨-e L 6, S. 48/1a
bedeckt L 2, S. 20/5
beeilen (sich) L 13, S. 111/Comic
befreundet (mit) L 2, S. 16/1a
begeistert L 4, S. 36/7
Beginn, der L 13, S. 107/5b
beginnen L 7, S. 57/3
beide (die beiden) L 1, S. 13/7a
Beispiel, das, -e L 7, S. 57/2
Beitrag, der, ¨-e L 14, S. 117/8
bekannt L 14, S. 116/7a
Belgien L 1, S. 9/1b
beliebt L 7, S. 60/8
bemalen L 13, S. 104/1
bemerken L 11, S. 90/3a
beobachten L 11, S. 90/3a
bequem L 10, S. 81/1b
Bergbahn, die, -en L 8, S. 64/1
Bergstation, die, -en L 5, S. 41/2a
Bergwerk, das, -e L 5, S. 40/1
Bergwiese, die, -n L 8, S. 68/6

berichten L 10, S. 86/7a
Bernhardiner, der, - L 8, S. 67/4
Beruf, der, -e L 12, S. 99/4b
berühmt L 1, S. 9/2a
berühren L 2, S. 21/7
Besatzung, die, -en L 7, S. 61/9
besichtigen L 5, S. 40/1
Besserung, die L 4, S. 33/3b
bestellen L 13, S. 107/5a
bestimmt L 9, S. 76/6a
Besucher, der, - L 3, S. 29/8
betäuben L 11, S. 90/3a
betragen L 14, S. 114/5
Betttuch, das, ¨-er L 2, S. 21/7
bewegen (sich) L 13, S. 104/1
Bewegung, die, -en L 2, S. 21/7
Bewohner, der, - L 10, S. 80/1a
bewundern L 5, S. 41/2a
bezahlen L 1, S. 13/7a
Bier, das L 4, S. 34/4a
Bild, das, -er L 5, S. 41/2a
billig L 1, S. 13/7a
Blasmusik, die L 14, S. 115/6a
Blasorchester, das, - L 14, S. 115/6a
Blatt, das, ¨-er L 2, S. 21/7
Blauwal, der, -e L 3, S. 24/1
blind L 9, S. 72/1
Blumengeschäft, das, -e
   L 11, S. 88/1a
Boot, das, -e L 10, S. 80/1a
böse L 2, S. 18/4a
boxen L 12, S. 96/1
Boxhandschuh, der, -e L 12, S. 96/1
brechen L 4, S. 32/2
Bremse, die, -n L 12, S. 101/8
brennen L 6, S. 51/3
Briefmarke, die, -n L 11, S. 88/1a
Brunnen, der, - L 6, S. 50/2
Brust, die, ¨-e L 4, S. 32/1
Bühne, die, -n L 7, S. 57/3
Bulgarien L 1, S. 9/1b
Bundeskanzler, der, -
   L 11, S. 95/Comic
Bundesstraße, die, -n L 7, S. 57/3
Bungalow, der, -s L 10, S. 80/1a
bunt L 2, S. 16/1a
Burg, die, -en L 1, S. 8/1a
Bürgermeister, der, - L 2, S. 20/5
bürsten L 9, S. 76/5
Bus, der, -se L 1, S. 13/7a
Cabrio, das, -s L 12, S. 102/10
Cello, das, Celli L 14, S. 115/6a
Chance, die, -n L 12, S. 98/4a
Chile L 14, S. 116/7a
Chips (Pl.) L 4, S. 35/5
cool L 14, S. 112/1
dabei L 2, S. 18/4a
Dach, das, ¨-er L 5, S. 43/4
Dachboden, der, ¨- L 6, S. 50/2
damals L 3, S. 31/Comic
Dank, der L 7, S. 56/1

dass L 10, S. 81/1b
davon L 8, S. 64/1
dazu L 6, S. 55/Comic
denken L 5, S. 47/Comic
Detektiv, der, -e L 13, S. 106/4
deutsch L 2, S. 19/4b
Deutsche, der, -n L 1, S. 11/4
Deutsche, die, -n L 1, S. 11/4
Diät, die, -en (Diät machen)
 L 4, S. 35/6
Diele, die, -n L 6, S. 50/2
Ding, das, -e L 3, S. 29/8
Dinosaurier, der, - L 13, S. 106/4
Discman, der, -s/-men L 14, S. 112/1
DJ, der, -s L 7, S. 63/Comic
Dorf, das, ¨-er L 2, S. 16/1a
Drachenschiff, das, -e L 7, S. 60/8
dran sein L 2, S. 21/7
draußen L 9, S. 72/1
drehen L 8, S. 69/6
dressieren L 9, S. 72/1
dumm L 3, S. 26/3
dunkel L 2, S. 16/1a
dunkelbraun L 2, S. 16/1a
durch L 3, S. 29/8
Durcheinander, das L 6, S. 49/1a
dürfen L 2, S. 21/7
Durst, der L 5, S. 45/8
durstig L 6, S. 48/1a
dynamisch L 14, S. 112/1
echt L 14, S. 112/1
Ecke, die, -n L 10, S. 87/Comic
Ehe, die, -n L 6, S. 55/Comic
Ehepaar, das, -e L 6, S. 55/Comic
ehrlich L 2, S. 20/6
eigen- L 6, S. 53/5a
eigentlich L 8, S. 64/1
einbauen L 8, S. 64/1
einbrechen L 2, S. 20/5
eindrucksvoll L 14, S. 116/7a
einfach L 10, S. 87/Comic
einfarbig L 9, S. 72/1
einfüllen L 5, S. 41/2a
Eingang, der, ¨-e L 5, S. 41/2a
einig- L 10, S. 84/5
einlegen L 10, S. 84/5
einmal L 2, S. 18/4a
einsetzen L 8, S. 65/1
einsteigen L 9, S. 76/6a
einteilen L 13, S. 104/1
Eintritt, der L 1, S. 13/7a
Eintrittskarte, die, -n L 5, S. 42/3
Einwohner, der, - L 3, S. 28/7
Einzelgänger, der, - L 9, S. 72/1
Eisenbahn, die, -en L 7, S. 57/2
Eishöhle, die, -n L 5, S. 40/1
Eiszeit, die L 3, S. 29/8
elektrisch L 5, S. 41/2a
Elektrizität, die L 7, S. 62/11
Ende, das, -n L 6, S. 55/Comic
endlich L 3, S. 31/Comic
England L 1, S. 9/1b
Engländer, der, - (Engländerin)
 L 1, S. 11/4
entdecken L 7, S. 59/6a
Ente, die, -n L 11, S. 88/1b
entlang L 11, S. 89/2a
entlanggehen L 11, S. 89/2a
Erdbeben, das, - L 13, S. 106/4
erfinden L 14, S. 114/5

erklären L 8, S. 66/3
erleben L 3, S. 29/8
Erlebnis, das, -se L 3, S. 29/8
Ernährung, die L 4, S. 37/8a
eröffnen L 8, S. 64/1
erreichen L 8, S. 64/1
erschrecken (sich) L 5, S. 44/5
erschrocken L 4, S. 36/7
erst L 8, S. 68/6
erst mal L 1, S. 13/7a
Erwachsene, der, -n L 7, S. 57/3
erziehen L 9, S. 76/5
Erziehung, die L 9, S. 76/5
Esel, der, - L 3, S. 26/3
Essensrest, der, -e L 9, S. 76/5
etwa L 5, S. 41/2a
Europäer, der, - L 1, S. 9/2a
ewig L 7, S. 58/4
Experte, der, -n L 12, S. 99/4b
extra L 8, S. 66/3
Fahne, die, -n L 5, S. 44/6
Fähre, die, -n L 12, S. 102/10
Fahrer, der, - L 11, S. 90/3a
Fahrgast, der, ¨-e L 8, S. 64/1
Fahrkarte, die, -n L 1, S. 13/7a
Fahrstuhl, der, ¨-e L 8, S. 65/1
Falke, der, -n L 3, S. 24/1
Fan, der, -s L 12, S. 97/2
fangen L 9, S. 72/1
farbig L 9, S. 72/1
Fass, das, ¨-er L 14, S. 116/7a
fast L 5, S. 41/2a
Fastfood, das L 4, S. 37/8a
faul L 3, S. 26/3
Faultier, das, -e L 3, S. 24/1
Feder, die, -n L 14, S. 116/7a
Federball, der, ¨-e L 12, S. 99/5
fehlen L 4, S. 33/3b
Fehler, der, - L 13, S. 106/4
Feld, das, -er L 6, S. 48/1a
Fell, das, -e L 9, S. 72/1
Feriengast, der, ¨-e L 6, S. 53/5a
Fernsehprogramm, das, -e
 L 2, S. 19/4b
fest L 9, S. 72/1
festbinden L 9, S. 76/6a
festmachen L 4, S. 39/Comic
Festspiel, das, -e L 7, S. 56/1
Festung, die, -en L 5, S. 40/1
Fett, das, -e L 9, S. 76/5
Feuer, das, - L 3, S. 29/8
feuerrot L 14, S. 116/7a
Feuerwehr, die, -en L 11, S. 90/3a
Fieber, das L 4, S. 32/2
Figur, die, -en L 5, S. 41/2a
Finger, der, - L 4, S. 32/1
Finnland L 1, S. 9/1b
fit L 12, S. 96/1
flach L 3, S. 29/8
Flasche, die, -n L 2, S. 23/Comic
Fleischer, der, - L 11, S. 88/1a
fleißig L 3, S. 26/3
Fliege, die, -n L 12, S. 102/9b
fließen L 5, S. 41/2a
fließend L 6, S. 53/5a
flink L 12, S. 102/9b
Floß, das, ¨-e L 5, S. 41/2
flott L 14, S. 116/7a
Flughafen, der, ¨- L 11, S. 92/6
Flur, der, -e L 10, S. 82/2a

Form, die, -en L 8, S. 68/6
Formular, das, -e L 14, S. 114/5
Forschungsstation, die, -en
 L 8, S. 65/1
Forschung, die, -en L 8, S. 65/1
fotografieren L 8, S. 66/3
Franzose, der, -n (Französin)
 L 1, S. 11/4
französisch L 1, S. 11/4
Fräulein, das, - L 11, S. 91/4b
Freibad, das, ¨-er L 12, S. 101/8
Freiheit, die L 9, S. 72/1
Freizeit, die L 6, S. 53/5a
Freizeitpark, der, -s L 7, S. 56/1
fremd L 2, S. 18/4a
Freude, die, -n L 9, S. 76/6a
freuen (sich) L 9, S. 76/6a
Freundespaar, das, -e L 2, S. 16/1a
freundlich L 14, S. 117/8
Freundschaft, die, -en L 2, S. 16/1
Frieden, der L 14, S. 116/7a
frisch L 8, S. 68/6
Friseur, der, -e L 11, S. 88/1a
fröhlich L 2, S. 20/6
Frucht, die, ¨-e L 3, S. 29/8
früh L 6, S. 48/1a
Frühstück, das L 14, S. 113/4
Fuchs, der, ¨-e L 3, S. 25/2
fühlen L 2, S. 21/7
führen L 14, S. 116/7a
fürchterlich L 5, S. 44/5
Fuß, der, ¨-e L 3, S. 29/8
Fußballer, der, - L 12, S. 98/4a
Fußballregel, die, -n L 12, S. 98/4a
Fußwippe, die L 13, S. 109/7b
Gans, die, ¨-e L 3, S. 25/2
Gänsehaltung, die L 6, S. 52/4a
Garderobe, die, -n L 10, S. 82/2a
Gardine, die, -n L 10, S. 82/2a
Gasse, die, -n L 11, S. 89/2a
Gast, der, ¨-e L 6, S. 53/5a
Gebäude, das, - L 5, S. 41/2a
geboren werden L 5, S. 41/2a
gebrauchen L 7, S. 60/8
Gebühr, die, -en L 14, S. 114/5
Geburt, die, -en L 5, S. 40/1
Geburtshaus, das, ¨-er L 5, S. 40/1
Gedicht, das, -e L 1, S. 9/2a
Gefahr, die, -en L 7, S. 58/4
gefallen L 2, S. 20/6
gegen L 9, S. 76/6a
Gegend, die, -en L 2, S. 20/6
gegeneinander L 13, S. 109/7a
gegenüberstehen L 13, S. 109/7a
Gegner, der, - L 12, S. 99/4b
Gehirn, das, -e L 13, S. 108/6
Gehirnhälfte, die, -n L 13, S. 108/6
Gehweg, der, -e L 11, S. 93/7
Geige, die, -n L 14, S. 115/6a
Geld, das, -er L 1, S. 13/7b
gemeinsam L 2, S. 21/7
Gemüseanbau, der L 6, S. 52/4a
gemütlich L 10, S. 81/1b
genau L 2, S. 21/7
genauso ... wie L 3, S. 27/4
genug L 1, S. 13/7b
geradeaus L 11, S. 89/2a
Geräusch, das, -e
 L 14, S. 119/Comic
Gesang, der, ¨-e L 14, S. 115/6a

Gesangsunterricht, der
L 14, S. 115/6a
Geschäft, das, -e L 11, S. 94/9
geschickt L 12, S. 98/4a
Geschirr, das L 5, S. 47/Comic
Gesicht, das, -er L 3, S. 29/8
Gespenst, das, -er L 5, S. 43/4
gespenstern L 5, S. 43/4
gestreift L 9, S. 75/4
gesund L 4, S. 37/8b
Gesundheit, die L 4, S. 32/1
getigert L 9, S. 72/1
Getreide, das L 6, S. 50/2
gewinnen L 2, S. 16/1a
glauben L 10, S. 83/4
gleich L 2, S. 16/1a
Glocke, die, -n L 8, S. 67/5
Glück, das L 6, S. 55/Comic
glücklich L 4, S. 36/7
Gold, das L 5, S. 41/2a
golden L 5, S. 41/2a
Goldfisch, der, -e L 9, S. 74/3
Golf, das L 12, S. 99/5
Gras, das, ¨-er L 6, S. 48/1a
Grenze, die, -n L 14, S. 116/7a
Grieche, der, -n (Griechin) L 1, S. 11/4
griechisch L 1, S. 11/4
Grippe, die, -n L 4, S. 33/3b
Grönland L 7, S. 60/8
Großstadt, die, ¨-e L 10, S. 80/1a
Grund, der, ¨-e L 4, S. 37/8a
gründen L 7, S. 60/8
Grundschritt, der, -e L 14, S. 114/5
Gruppe, die, -n L 3, S. 29/8
Gruß, der, ¨-e (Viele Grüße!)
L 8, S. 66/3
gucken L 1, S. 13/7a
Gummi, der, -s L 8, S. 68/6
gurgeln L 5, S. 46/9a
Gymnastik, die L 13, S. 109/7a
Haar, das, -e L 2, S. 16/1a
Haarspray, das, -s L 11, S. 88/1a
Hahn, der, ¨-e L 9, S. 75/4
Hälfte, die, -n L 13, S. 108/6
Halle, die, -n L 12, S. 97/3
Hals, der, ¨-e L 4, S. 32/1
Halsschmerzen (Pl.) L 4, S. 32/2
halten (Tiere) L 6, S. 52/4a
Haltestelle, die, -n L 8, S. 64/1
Handel, der L 7, S. 58/4
Handwerker, der, - L 7, S. 60/8
hängen L 6, S. 51/3
Hauptstadt, die, ¨-e L 3, S. 28/7
Hausarbeit, die, -en L 6, S. 55/Comic
Hausboot, das, -e L 10, S. 80/1a
Haushund, der, -e L 9, S. 76/5
Hauskatze, die, -n L 9, S. 72/1
Hausmannskost, die L 14, S. 113/4
Hausmeister, der, - L 11, S. 90/3a
Heimat, die, -en L 14, S. 116/7a
heiraten L 6, S. 55/Comic
heizen L 6, S. 51/3
Heizung, die, -en L 9, S. 72/1
helfen L 2, S. 19/4b
hell L 10, S. 86/8
Herd, der, -e L 10, S. 82/2a
Herrchen, das, - L 9, S. 76/6a
herstellen L 3, S. 29/8
herunterfallen L 2, S. 21/7
heulen L 5, S. 44/5

hilfsbereit L 2, S. 20/5
hinausgehen L 10, S. 81/1a
hineinschießen L 12, S. 99/4b
hinterherlaufen L 11, S. 93/7
Hin- und Rückfahrkarte, die, -n
L 1, S. 13/7a
Hip-Hop, der L 14, S. 112/1
Hip-Hopper, der, - L 14, S. 114/5
Hip-Hop-Workshop, der, -s
L 14, S. 114/5
Hit, der, -s L 14, S. 112/1
Hitparade, die, -n L 14, S. 112/1
hochfahren L 5, S. 41/2a
Hochhaus, das, ¨-er L 10, S. 80/1a
hochspringen L 9, S. 76/6a
Hochsprung, der L 12, S. 100/6
hochziehen L 5, S. 41/2a
Höcker, der, - L 9, S. 75/4
Hockey, das L 12, S. 96/1
Hockeyschläger, der, - L 12, S. 96/1
Hoffnung, die, -en L 9, S. 77/7
Höhe, die, -n L 5, S. 41/2a
Höhle, die, -n L 3, S. 29/8
holen L 1, S. 12/6
Holland L 1, S. 9/1b
Holländer, der, - (Holländerin)
L 1, S. 11/4
holländisch L 1, S. 11/4
Hundehalter, der, - L 9, S. 77/6b
Hunger, der L 1, S. 13/7a
hungern L 7, S. 58/4
hungrig L 6, S. 48/1a
Husten, der L 4, S. 33/3b
ideal L 6, S. 55/Comic
Idee, die, -n L 4, S. 39/Comic
Indianer, der, - L 1, S. 15/Comic
Information, die, -en L 13, S. 108/6
informieren L 11, S. 90/3a
Ingenieur, der, -e L 8, S. 64/1
Inline-Skating, das L 12, S. 98/4a
Innere, das (im Innern) L 8, S. 65/1
Inspektor, der, -en L 11, S. 91/4a
interessieren (sich) L 13, S. 110/8b
international L 5, S. 41/2a
irgendwo L 5, S. 44/5
irisch L 14, S. 116/7a
Irland L 1, S. 10/3
Island L 7, S. 60/8
Italiener, der, - (Italienerin) L 1, S. 11/4
italienisch L 1, S. 11/4
jagen L 3, S. 29/8
Jäger, der, - L 6, S. 55/Comic
jährlich L 14, S. 116/7a
Jazz, der L 14, S. 115/6a
jedenfalls L 11, S. 95/Comic
jemand L 10, S. 84/5
jeweils L 14, S. 114/5
Judo, das L 12, S. 101/7
Jugend, die L 2, S. 16/1a
Jugendherberge, die, -n
L 5, S. 47/Comic
Jugendliche, der, -n L 4, S. 37/8a
jung L 3, S. 27/4
Kälte, die L 3, S. 30/9
kämmen L 9, S. 76/5
Kampfsport, der L 12, S. 101/7
Kaninchen, das, - L 9, S. 74/3
kaputt L 2, S. 23/Comic
Käsefondue, das, -s L 8, S. 71/Comic

Käserei, die, -en L 8, S. 68/6
Kasper, der, -s L 13, S. 110/8a
Kater, der, - L 9, S. 72/1
Kaufhaus, das, ¨-er L 11, S. 88/1a
Kaufleute, die (Pl.) L 7, S. 58/4
Kavalier, der, -e L 12, S. 102/9b
kennen L 7, S. 62/11
kennen lernen L 2, S. 16/1a
Kerze, die, -n L 7, S. 62/11
Kessel, der, - L 8, S. 68/6
Kette, die, -n L 1, S. 13/7a
Kicker, der, - L 12, S. 98/4a
Kid, das, -s L 14, S. 113/4
Kinderarzt, der, ¨-e L 4, S. 33/3a
Kindergarten, der, ¨- L 2, S. 16/1a
Kinderwagen, der, - L 9, S. 75/4
Klang, der, ¨-e L 14, S. 119/Comic
Klassenfahrt, die, -en L 5, S. 40/1
klassisch L 14, S. 115/6a
Kleidung, die L 7, S. 60/8
Kleinstadt, die, ¨-e L 10, S. 80/1a
Klima, das L 3, S. 29/8
Klingel, die, -n L 12, S. 101/8
klingeln L 10, S. 84/5
klopfen L 5, S. 44/5
Kloster, das, ¨- L 8, S. 67/4
Klub, der, -s L 2, S. 16/1a
klug L 7, S. 60/8
Knie, das, - L 4, S. 32/1
Knoblauch, der L 8, S. 71/Comic
Knochen, der, - L 3, S. 29/8
Komitee, das, -s L 12, S. 100/6
konstruieren L 8, S. 64/1
kontrollieren L 8, S. 68/6
konzentrieren (sich) L 13, S. 104/1
Kopf, der, ¨-e L 2, S. 21/7
Körper, der, - L 4, S. 32/1
Körperteil, der, -e L 4, S. 32/1
Kosmos, der L 13, S. 106/4
Kraft, die, ¨-e L 3, S. 29/8
Kralle, die, -n L 9, S. 72/1
krank L 3, S. 29/8
Krankenhaus, das, ¨-er L 2, S. 20/5
kreativ L 12, S. 98/4a
Krieg, der, -e L 5, S. 41/2a
Krimi, der, -s L 12, S. 102/10
Kugel, die, -n L 13, S. 106/4
Kuh, die, ¨-e L 6, S. 48/1a
Kühlschrank, der, ¨-e L 10, S. 82/3a
Kultur, die, -en L 14, S. 116/7a
Künstler, der, - L 5, S. 41/2a
Küste, die, -n L 7, S. 56/1
Kunststück, das, -e L 14, S. 116/7a
Kurs, der, -e L 5, S. 41/2a
lachen L 1, S. 13/7a
Laden, der, ¨- L 1, S. 13/7a
Lager, das, - L 2, S. 16/1a
Lagerfeuer, das, - L 2, S. 17/2
Laib, der, -e L 8, S. 68/6
Land, das (↔ Wasser) L 1, S. 8/1a
Land, das, ¨-er L 1, S. 8/1a
Land, das (auf dem Land) L 6, S. 48/1
Landkarte, die, -en L 5, S. 42/3
Langhaus, das, ¨-er L 7, S. 60/8
langweilen (sich) L 13, S. 104/1
Lärm, der L 6, S. 48/1a
lassen L 10, S. 84/5
läuten L 8, S. 67/5
Leben, das, - L 6, S. 48/1
Leder, das L 3, S. 29/8

leer L 7, S. 59/6a
Leichtathletik, die L 12, S. 100/6
leidtun L 14, S. 114/5
leihen L 10, S. 84/5
Leine, die, -n L 9, S. 76/6a
Leitung, die, -en L 13, S. 108/6
letzt- L 2, S. 16/1a
lieb L 8, S. 66/3
Liebe, die L 6, S. 55/Comic
Lieblingsbeschäftigung, die, -en
  L 14, S. 115/6a
liefern L 8, S. 68/6
Lift, der, -e L 8, S. 65/1
Linie, die, -n L 11, S. 92/6
Liter, der, - L 5, S. 41/2a
loben L 9, S. 76/5
Loch, das, ¨-er L 8, S. 69/6
logisch L 13, S. 108/6
lösen L 13, S. 105/2
lustig L 2, S. 16/1a
Mal, das, -e (zum ersten Mal)
  L 2, S. 18/4a
Malerei, die, -en L 5, S. 41/2a
Malzeug, das L 5, S. 42/3
Mammut, das, -s L 3, S. 31/Comic
männlich L 9, S. 72/1
Mannschaft, die, -en L 2, S. 16/1a
Marathonlauf, der, ¨-e L 12, S. 100/6
Märchen, das, - L 6, S. 48/1a
Marktplatz, der, ¨-e L 11, S. 90/3a
Marmor-Eule, die, -n L 1, S. 13/7a
Maschine, die, -n L 10, S. 82/2b
Maske, die, -n L 14, S. 117/8
Maskerade, die, -n L 14, S. 116/7a
Mast, der, -en L 7, S. 61/9
Mauer, die, -n L 1, S. 8/1a
Medizin, die, -en L 4, S. 33/3b
Meerschweinchen, das, - L 9, S. 74/3
Mehl, das L 2, S. 23/Comic
mehrere L 10, S. 80/1a
Mehrfamilienhaus, das, ¨-er
  L 10, S. 80/1a
mehrfarbig L 9, S. 72/1
meinen L 6, S. 55/Comic
Meinung, die, -en L 10, S. 83/4
meistens L 7, S. 60/8
Meister, der, - L 14, S. 119/Comic
Messer, das, - L 10, S. 84/5
Mexiko L 2, S. 16/1a
miauen L 9, S. 75/4
mieten L 10, S. 80/1a
Millimeter (mm), der, - L 3, S. 28/7
Minute, die, -n L 2, S. 21/7
Mist, der (So ein Mist!) L 6, S. 48/1a
mitbringen L 4, S. 39/Comic
miteinander L 2, S. 21/7
mitgehen L 2, S. 17/3
Mitglied, das, -er L 2, S. 16/1a
Mitschüler, der, - L 2, S. 19/4c
mitspielen L 2, S. 18/4a
Mitteleuropa L 5, S. 41/2a
mitten L 14, S. 116/7a
Mitternacht, die L 5, S. 45/7
Möbel, die (Pl.) L 10, S. 82/2a
Mode, die, -n L 12, S. 97/3
modern L 3, S. 28/6
möglich L 7, S. 60/8
Moment, der, -e L 2, S. 18/4a
monatelang L 14, S. 116/7a
Mönch, der, -e L 8, S. 67/4

Moped, das, -s L 12, S. 101/8
Morgenstunde, die, -n L 14, S. 113/4
Motorrad, das, ¨-er L 12, S. 101/8
müde L 4, S. 32/2
Mühle, die, -n L 10, S. 80/1a
Multi-Media-Museum, das, -Museen
  L 3, S. 29/8
Mund, der, ¨-er L 3, S. 29/8
munter L 14, S. 113/4
Muschel, die, -n L 3, S. 25/2
Musical, das, -s L 14, S. 115/6a
musikalisch L 3, S. 27/4
musizieren L 14, S. 115/6a
Muskat, der L 8, S. 71/Comic
Muskelkraft, die L 14, S. 113/4
Muskel, der, -n L 14, S. 113/4
Mut, der L 2, S. 20/5
mutig L 7, S. 60/8
Muttermilch, die L 9, S. 72/1
Nachbar, der, -n L 2, S. 16/1a
nah L 7, S. 59/6a
Nähe, die L 3, S. 29/8
nähen L 7, S. 60/8
Nährstoff, der, -e L 4, S. 37/8a
nämlich L 8, S. 66/3
Nationalhymne, die, -n L 12, S. 100/6
Nationalität, die, -en L 14, S. 116/7a
Nationalpark, der, -s L 5, S. 41/2a
Naturphänomen, das, -e
  L 13, S. 106/4
Naturwunder, das, - L 5, S. 40/1
Neandertal, das L 3, S. 29/8
Neandertaler, der, - L 3, S. 29/8
Nebel, der L 8, S. 67/4
nennen L 4, S. 37/8a
Nerv, der, -en L 10, S. 83/4
nervös L 4, S. 36/7
nett L 3, S. 26/3
Netz, das, -e L 11, S. 90/3a
neugierig L 4, S. 36/7
Neuzeit, die L 12, S. 100/6
Niederschlag, der, ¨-e L 3, S. 28/7
niemand L 10, S. 84/5
Nilpferd, das, -e L 3, S. 24/1
nochmal L 14, S. 114/5
Norwegen L 1, S. 9/1b
Norweger, der, - (Norwegerin)
  L 1, S. 11/4
norwegisch L 1, S. 11/4
nötig L 10, S. 83/4
Note, die, -n L 12, S. 98/4a
nördlich L 7, S. 57/3
nummeriert L 7, S. 57/3
ob L 14, S. 113/2
Oberkörper, der, - L 13, S. 109/7a
Obstanbau, der L 6, S. 52/4a
offen L 5, S. 45/7
ohne L 8, S. 68/6
Ohrring, der, -e L 1, S. 13/7a
Olympischen Spiele, die (Pl.)
  L 12, S. 100/6
Oper, die, -n L 11, S. 95/Comic
ordentlich L 10, S. 83/4
ordnen L 13, S. 106/4
Ordnung, die L 10, S. 83/4
Organisation, die
  L 13, S. 107/5b
organisieren L 7, S. 63/Comic
Orientierung, die L 13, S. 106/4
Ort, der, -e L 3, S. 29/8

Österreicher, der, - (Österreicherin)
  L 1, S. 11/4
österreichisch L 2, S. 22/8
paar (ein paar) L 2, S. 21/7
Paar, das, -e L 2, S. 16/1a
Paket, das, -e L 4, S. 39/Comic
Pantomime, die L 14, S. 117/8
Papierkorb, der, ¨-e L 10, S. 82/2a
Partner, der, - L 2, S. 21/7
passen L 14, S. 114/5
passieren L 7, S. 59/6a
Pause, die, -n L 2, S. 19/4c
Pausenbrot, das, -e L 9, S. 76/6a
Pausendienst, der L 13, S. 107/5b
pausenlos L 11, S. 90/3a
Pendel, das, - L 13, S. 109/7a
Percussion-Band, die, -s
  L 14, S. 116/7a
Peru L 1, S. 15/Comic
Pfadfinder, der, - L 2, S. 16/1a
Pferdestall, der, ¨-e L 6, S. 50/2
Pfingstsonntag, der L 14, S. 116/7a
Pflege, die L 9, S. 76/5
Pfote, die, -n L 9, S. 72/1
Physik, die L 13, S. 105/2
Picknick, das, -s L 6, S. 53/5a
Plan, der, ¨-e L 10, S. 87/Comic
Po, der, -s L 4, S. 32/1
Pokal, der, -e L 2, S. 16/1a
Pole, der, -n (Polin) L 1, S. 11/4
Polen L 1, S. 9/1b
Polizei, die L 2, S. 20/5
polnisch L 1, S. 11/4
Pop-Musik, die L 14, S. 112/1
Pop-Star, der, -s L 14, S. 113/2
Portugal L 1, S. 9/1b
Post, die L 10, S. 84/5
Poster, das, - L 10, S. 83/3
praktisch L 10, S. 86/8
Preis, der, -e L 2, S. 17/1c
Probe-Training, das, -s L 12, S. 98/4a
probieren L 8, S. 69/6
Produkt, das, -e L 6, S. 53/5a
produzieren L 8, S. 69/6
Profi, der, -s L 12, S. 98/4a
Prozent, das, -e L 4, S. 37/8a
Publikum, das L 6, S. 55/Comic
Puma, der, -s L 3, S. 24/1
Punkt, der, -e L 9, S. 75/4
putzen L 9, S. 72/1
Python-Schlange, die, -n L 3, S. 24/1
Quadratkilometer (km^2), der, -
  L 3, S. 28/7
Qualität, die L 8, S. 68/6
quietschen L 5, S. 44/5
Rad, das, ¨-er L 4, S. 39/Comic
Radrennen, das, - L 12, S. 96/1
Rasse, die, -n L 9, S. 72/1
Rathaus, das, ¨-er L 7, S. 59/6a
Raubtier, das, -e L 9, S. 72/1
raufwandern L 10, S. 84/5
Raum, der, ¨-e L 6, S. 50/2
reagieren L 9, S. 72/1
Regel, die, -n L 13, S. 108/6
regelmäßig L 9, S. 76/5
Regenschirm, der, -e L 2, S. 22/9
reich L 5, S. 41/2a
Reichstag, der L 7, S. 57/2
reif L 8, S. 69/6
reinkommen L 10, S. 87/Comic

Reisebüro, das, -s L 11, S. 88/1a
Reisekatalog, der, -e L 11, S. 88/1a
Reisende, der, -n L 8, S. 67/4
Rekord, der, -e L 3, S. 24/1
rennen L 3, S. 26/3
Rennrad, das, ¨-er L 12, S. 96/1
Rest, der, -e L 9, S. 76/6a
retten L 8, S. 67/4
Rettung, die, -en L 8, S. 67/4
Rettungshund, der, -e L 8, S. 67/4
Rezept, das, -e L 8, S. 71/Comic
Rhythmus, der, Rhythmen
  L 14, S. 112/1
Richterskala, die L 13, S. 106/4
Richtung, die, -en L 13, S. 106/4
riechen L 3, S. 29/8
Ring, der, -e L 12, S. 100/6
Roggenanbau, der L 6, S. 52/4a
Rotkäppchen, das L 6, S. 55/Comic
Rücken, der, - L 4, S. 32/1
rückwärts L 13, S. 109/7a
Rudeltier, das, -e L 9, S. 72/1
rudern L 13, S. 106/4
Rumänien L 1, S. 9/1b
runterwandern L 10, S. 84/5
runterfallen L 2, S. 23/Comic
Russe, der, -n (Russin) L 1, S. 11/4
russisch L 1, S. 11/4
Saal, der, Säle L 5, S. 41/2a
Saline, die, -n L 5, S. 41/2a
Salzbergwerk, das, -e L 5, S. 40/1
Salzwasser, das L 8, S. 68/6
sammeln L 3, S. 29/8
Sampler, der, - L 14, S. 112/1
Sandwich, das, -es L 13, S. 107/5a
Sängerin, die, -nen L 14, S. 115/6a
sauber L 9, S. 72/1
Schach(spiel), das, -e L 2, S. 17/2
schaffen L 10, S. 87/Comic
scharf L 8, S. 71/Comic
Schatz, der, ¨-e L 7, S. 58/4
schauen L 8, S. 64/1
schaurig L 5, S. 44/5
schicken L 13, S. 108/6
schießen (Tor) L 2, S. 19/4b
Schiffsmodell, das, -e L 1, S. 13/7a
schimpfen L 2, S. 18/4a
Schirm, der, -e L 14, S. 116/7a
Schlafraum, der, ¨-e L 6, S. 50/2
Schlafsack, der, ¨-e L 5, S. 42/3
schlagen L 4, S. 36/7
schlau L 9, S. 79/Comic
Schlitten, der, - L 8, S. 65/1
Schlittschuh, der, -e L 12, S. 96/1
Schlittschuhlaufen, das L 12, S. 101/7
Schlüssel, der, - L 14, S. 119/Comic
Schmerz, der, -en L 4, S. 32/2
schminken L 13, S. 111/Comic
Schmuck, der L 1, S. 13/7a
Schmutz, der L 8, S. 68/6
schmutzig L 9, S. 74/3
Schnee, der L 8, S. 67/4
Schneeball, der, ¨-e L 7, S. 60/8
Schock, der, -s L 10, S. 83/4
schön L 5, S. 41/2a
Schreck, der, -e(n) (vor Schreck)
  L 2, S. 18/4a
Schreibtisch, der, -e L 10, S. 82/2a
schreien L 2, S. 20/5
Schritt, der, -e L 13, S. 109/7a

Schülerzeitung, die, -en L 14, S. 112/1
Schulhof, der, ¨-e L 11, S. 90/3a
Schulter, die, -n L 4, S. 32/1
Schutz, der L 5, S. 41/2a
schützen L 10, S. 81/1a
Schwede, der, -n (Schwedin)
  L 1, S. 11/4
Schweden L 1, S. 9/1b
schwedisch L 1, S. 11/4
Schweizer, der, - (Schweizerin)
  L 1, S. 11/4
schweizerisch L 2, S. 22/8
schwierig L 14, S. 116/7a
Schwimmbrille, die, -n L 12, S. 96/1
Schwimmflosse, die, -n L 12, S. 96/1
schwingen L 13, S. 109/7a
Seefahrer, der, - L 7, S. 60/8
Segel, das, - L 7, S. 60/8
segeln L 7, S. 59/6a
Segelschiff, das, -e L 12, S. 96/1
Sehenswürdigkeit, die, -en
  L 5, S. 40/1
seilspringen L 13, S. 106/4
Seilziehen, das L 7, S. 60/8
Seite, die, -n L 2, S. 18/4a
seitwärts L 13, S. 109/7a
selbstständig L 9, S. 72/1
Sieger, der, - L 2, S. 16/1a
Situation, die, -en L 13, S. 106/4
Sitzecke, die, -n L 10, S. 83/2a
Skelett, das, -e L 3, S. 29/8
Ski-Anzug, der, ¨-e L 12, S. 96/1
Skiläufer, der, - L 8, S. 65/1
Skilift, der, -e L 8, S. 64/1
Skistiefel, der, - L 12, S. 97/3
Sklave, der, -n L 7, S. 60/8
Slowakei, die L 1, S. 9/1b
Snowboarden, das L 12, S. 101/7
so ... wie L 3, S. 26/3
sofort L 2, S. 18/4a
sogar L 1, S. 15/Comic
solange L 14, S. 112/1
sollen L 7, S. 61/10
sondern L 12, S. 97/2
Sonnenbrille, die, -n L 2, S. 16/1a
Sonnenhut, der, ¨-e L 5, S. 42/3
sonst L 2, S. 21/7
Souvenir, das, -s L 1, S. 10/3
sowieso L 10, S. 83/4
Spanier, der, - (Spanierin) L 1, S. 11/4
spanisch L 1, S. 11/4
spannend L 14, S. 112/1
sparen L 1, S. 13/7a
Spaß, der, ¨-e L 7, S. 63/Comic
Speisekammer, die, -n L 6, S. 50/2
Spiegel, der, - L 10, S. 82/2a
Spiegelbild, das, -er L 2, S. 21/7
Spielzeug, das, -e L 5, S. 42/3
spinnen L 14, S. 119/Comic
spitz L 9, S. 72/1
Spitzensportler, der, - L 13, S. 110/8b
Sportart, die, -en L 12, S. 98/4a
Sportplatz, der, ¨-e L 5, S. 46/10
Sprache, die, -en L 1, S. 8/1a
Sprechstunde, die, -n L 4, S. 33/3a
spucken L 13, S. 106/4
spülen L 5, S. 47/Comic
Stadion, das, Stadien L 1, S. 13/7a
Stall, der, ¨-e L 6, S. 53/6
ständig L 8, S. 69/6

Standuhr, die, -en L 13, S. 109/7a
Stärke, die, -n L 13, S. 106/4
Station, die, -en L 5, S. 41/2a
stattfinden L 7, S. 57/3
Stein, der, -e L 3, S. 31/Comic
Steinzeit, die L 3, S. 29/8
Stelle, die, -n (auf der Stelle)
  L 13, S. 109/7a
Stelze, die, -n L 14, S. 116/7a
sterben L 8, S. 67/4
stimmen (stimmt's) L 8, S. 71/Comic
Stirn, die, -en L 3, S. 29/8
Stockwerk, das, -e L 10, S. 80/1a
Strandpromenade, die, -n L 7, S. 56/1
Straßenbahn, die, -en L 12, S. 102/10
Straßenfußball, der L 12, S. 98/4a
Straßenseite, die, -n L 2, S. 18/4a
Straßenverkehr, der L 13, S. 106/4
Strecke, die, -n L 8, S. 64/1
streicheln L 9, S. 76/6a
Streit, der L 13, S. 105/3
streiten L 4, S. 36/7
Stress, der L 4, S. 37/8a
Stroh, das L 6, S. 50/2
Strom, der L 13, S. 108/6
Stufe, die, -n L 5, S. 41/2a
stundenlang L 4, S. 36/7
Sturm, der, ¨-e L 10, S. 81/1a
Suche, die L 8, S. 67/4
südamerikanisch L 14, S. 116/7a
Supermarkt, der, ¨-e L 11, S. 88/1a
Surfbrett, das, -er L 12, S. 96/1
surfen L 12, S. 96/1
Süßigkeit, die, -en L 2, S. 23/Comic
Symbol, das, -e L 12, S. 100/6
täglich L 14, S. 115/6a
Talent, das, -e L 12, S. 98/4a
Taschengeld, das L 1, S. 13/7a
Taschenlampe, die, -n L 10, S. 84/5
Taschenmesser, das, - L 10, S. 84/5
Taube, die, -n L 3, S. 24/1
Taucherbrille, die, -n L 12, S. 96/1
tauschen L 6, S. 48/1a
täuschen L 12, S. 99/4b
Team, das, -s L 13, S. 107/5a
Technik, die, -en L 3, S. 29/8
teilen L 7, S. 58/4
teilnehmen L 2, S. 16/1a
Teilnehmer, der, - L 14, S. 114/5
Temperatur, die, -en L 3, S. 28/7
Tennisschläger, der, - L 12, S. 96/1
Test, der, -s L 4, S. 36/7
teuer L 1, S. 13/7a
Theorie, die, -n L 12, S. 98/4a
Tiefe, die, -n L 5, S. 41/2a
Tierart, die, -en L 9, S. 77/7
Tierarzt, der, ¨-e L 11, S. 88/1a
Tierhaar, das, -e L 9, S. 76/6a
Tierheim, das, -e L 9, S. 76/6a
Tierwärter, der, - L 11, S. 90/3a
Tipp, der, -s L 12, S. 98/4a
Tischtennis, das L 12, S. 99/5
Titel, der, - L 7, S. 57/3
Toilette, die, -n L 6, S. 54/8
Ton, der, ¨-e L 8, S. 69/6
Tonne, die, -n L 8, S. 69/6
Topf, der, ¨-e L 6, S. 49/1a
Tor, das, -e (Fußball-) L 2, S. 19/4b
Tor, das, -e L 5, S. 44/6
Tornado, der, -s L 13, S. 106/4

Unregelmäßige und gemischte Verben

Hier findest du die unregelmäßigen und gemischten Verben aus *Das neue Deutschmobil 1* und *2*. Fett gedruckte Wörter stehen auf der Liste zum „Zertifikat Deutsch".

Infinitiv	3. P. Sg. Präteritum	3. P. Sg. Perfekt	Zusammensetzungen
abbiegen	bog ab	ist abgebogen	
auftreten (tritt auf)	trat auf	ist aufgetreten	
backen (backt/bäckt)	backte/buk	hat gebacken	
beginnen	begann	hat begonnen	
bekommen	bekam	hat bekommen	
betragen (beträgt)	betrug	hat betragen	
bleiben	blieb	ist geblieben	
brechen (bricht)	brach	hat gebrochen	
brechen (bricht)	brach	ist gebrochen	ausbrechen, einbrechen
brennen	brannte	hat gebrannt	
bringen	brachte	hat gebracht	**mitbringen**
denken	dachte	hat gedacht	
dürfen (darf)	durfte	hat gedurft	
einladen (lädt ein)	lud ein	hat eingeladen	
erfinden	erfand	hat erfunden	
erschrecken (erschrickt)	erschrak	ist erschrocken	
erziehen	erzog	hat erzogen	
essen (isst)	aß	hat gegessen	
fahren (fährt)	fuhr	ist gefahren	hochfahren, **mitfahren**, **wegfahren**
fallen (fällt)	fiel	ist gefallen	(he)runterfallen
fangen (fängt)	fing	hat gefangen	**anfangen**
festbinden	band fest	hat festgebunden	
finden	fand	hat gefunden	**stattfinden**, **wiederfinden**
fliegen	flog	ist geflogen	abfliegen
fließen	floss	ist geflossen	
fressen (frisst)	fraß	hat gefressen	
geben (gibt)	gab	hat gegeben	**aufgeben**, **ausgeben**, **weggeben**, **weitergeben**, **zurückgeben**
gefallen (gefällt)	gefiel	hat gefallen	
gehen	ging	ist gegangen	aufgehen, entlanggehen, herumgehen, hinausgehen, mitgehen, rausgehen, **spazieren gehen**, umgehen, **zurückgehen**
gewinnen	gewann	hat gewonnen	
gießen	goss	hat gegossen	
haben (hast, hat)	hatte	hat gehabt	zusammenhaben
halten (hält)	hielt	hat gehalten	**festhalten**
hängen	hing	hat gehangen	
heben	hob	hat gehoben	
heißen	hieß	hat geheißen	
helfen (hilft)	half	hat geholfen	**mithelfen**
kennen	kannte	hat gekannt	
kommen	kam	ist gekommen	**ankommen**, drankommen, **mitkommen**, reinkommen, vorbeikommen, **zurückkommen**
können (kann)	konnte	hat gekonnt	
kriechen	kroch	ist gekrochen	
lassen (lässt)	ließ	hat gelassen	
laufen (läuft)	lief	ist gelaufen	ablaufen, herumlaufen, hinterherlaufen, **loslaufen**, **weglaufen**

leihen	lieh	hat geliehen	ausleihen
lesen (liest)	las	hat gelesen	vorlesen
liegen	lag	hat gelegen	
mögen (mag)	mochte	hat gemocht	
müssen (muss)	musste	hat gemusst	
nehmen (nimmt)	nahm	hat genommen	**mitnehmen, teilnehmen, wegnehmen**
nennen	nannte	hat genannt	
raten (rät)	riet	hat geraten	
reiben	rieb	hat gerieben	
reiten	ritt	ist geritten	
rennen	rannte	ist gerannt	
riechen	roch	hat gerochen	
rufen	rief	hat gerufen	**anrufen**
scheinen	schien	hat geschienen	
schießen	schoss	hat geschossen	hineinschießen
schlafen (schläft)	schlief	hat geschlafen	
schlagen (schlägt)	schlug	hat geschlagen	
schreiben	schrieb	hat geschrieben	**aufschreiben**
schreien	schrie	hat geschrie(e)n	
schwimmen	schwamm	ist geschwommen	
schwingen	schwang	hat geschwungen	
sehen (sieht)	sah	hat gesehen	**aussehen, wegsehen, fernsehen**
sein (ist)	war	ist gewesen	
singen	sang	hat gesungen	
sitzen	saß	hat gesessen	
sollen (soll)	sollte	hat gesollt	
spinnen	spann	hat gesponnen	
sprechen (spricht)	sprach	hat gesprochen	**aussprechen**, vorsprechen
springen	sprang	ist gesprungen	hochspringen, seilspringen
stehen	stand	hat gestanden	**aufstehen**, drinstehen
steigen	stieg	ist gestiegen	**aussteigen, einsteigen, umsteigen**
sterben (stirbt)	starb	ist gestorben	
streiten	stritt	hat gestritten	
tragen (trägt)	trug	hat getragen	
treffen (trifft)	traf	hat getroffen	
treiben	trieb	hat getrieben	
trinken	trank	hat getrunken	
tun	tat	hat getan	**leidtun, wehtun**
überfallen (überfällt)	überfiel	hat überfallen	
unterhalten (unterhält)	unterhielt	hat unterhalten	
verbieten	verbot	hat verboten	
verbinden	verband	hat verbunden	
vergessen (vergisst)	vergaß	hat vergessen	
vergleichen	verglich	hat verglichen	
verlieren	verlor	hat verloren	
verschwinden	verschwand	ist verschwunden	
verstehen	verstand	hat verstanden	
vertragen (verträgt)	vertrug	hat vertragen	
waschen (wäscht)	wusch	hat gewaschen	
werden (wirst, wird)	wurde	ist geworden	
werfen (wirft)	warf	hat geworfen	
wissen (weiß)	wusste	hat gewusst	
wollen (will)	wollte	hat gewollt	
ziehen	zog	hat gezogen	**anziehen**, hochziehen, wegziehen
ziehen	zog	ist gezogen	**umziehen**

Quellennachweis

- Seite 13: Euromünzen und -scheine: EZB
- Seite 16: Foto Nikitas: Birgit Heinrich, Müllrose
- Seite 29: Foto 1, 2, 3, 5: Neanderthal-Museum, Mettmann
- Seite 40: Foto 1: KED; Foto 2: KED; Foto 3: SMCA-Festungsmuseum, Graz (Peter Eder); Foto 4: KED; Foto 5: Salinen Tourismus GmbH, Bad Ischl; Foto 6: SalzburgerLand Tourismus GmbH, Hallwang; Foto 7: Eisriesenwelt GmbH, Salzburg
- Seite 50/51: Zeichnung: Uta Schmitt, Waldeck
- Seite 56, 58: Plakat: Störtebeker Festspiele, Ralswiek/Rügen
- Seite 57: Foto Feuerwerk: Jens Koehler, bildermeer.com
- Seite 60: Foto: Wikingermuseum, Haithabu
- Seite 65: Foto Hundeschlitten: Corbis, Düsseldorf (Patrick Ward)
- Seite 67: Foto: Naturhistorisches Museum, Bern (Lisa Schäublin)
- Seite 74: Fotos Pferd, Hund: Gabriele Mills, Hamburg; Foto Hamster: Regina Krawatzki, Stuttgart
- Seite 80: Foto Mühle: Klaus Ziergiebel, Graal-Müritz; Foto Hausboot: Jürgen Freund, Kaisermühl
- Seite 84: Text nach: „Das Nachrichtenband" von Frieder Stöckle, aus: Gelberg, Hans-Joachim (Hrsg.): Wie man Berge versetzt, Weinheim/Basel 1981
- Seite 98: Fotos: imago Sportfotodienst (Kurzendörfer, Lackovic)
- Seite 106: Fotos C: GMD (Gerrit Freitag)
- Seite 114: Foto: KED

Alle übrigen Fotos: Andreas Douvitsas, Hamburg; Jutta Douvitsas und Karl-Heinz Härtel, Müllrose; Eleftherios und Sigrid Xanthos, Athen

Alle übrigen Zeichnungen: Eleftherios Xanthos, Athen

Trotz intensiver Bemühungen konnten nicht alle Rechteinhaber ermittelt werden. Für entsprechende Hinweise ist der Verlag dankbar.